2990

In de wereld, maar niet

Andrew Cohen

In de wereld, maar niet *van* de wereld

Over hoe je verlicht kunt leven

Altamira-Becht · Haarlem

Oorspronkelijke titel: Embracing Heaven and Earth

Voor het Nederlandse taalgebied:

(e-mailadres: post@gottmer.nl)

Uitgeverij Altamira-Becht BV is onderdeel van de Gottmer Uitgevers Groep BV

Vertaling uit het Engels: Ananto Dirksen, in samenwerking met

Impersonal Enlightenment Fellowship

Omslagontwerp en zetwerk: Ivar Hamelink, Haarlem

Druk en afwerking: Drukkerij Wormgoor, Almelo

ISBN 90 6963 496 1 / NUGI 612

Voor meer informatie over de boeken van Altamira-Becht: **www.altamira-becht.nl**

Inhoud

Woord vooraf

Van de duisternis naar het licht

door Zijne Heiligheid Swami Chidananda
President van de *Divine Life Society*

Zo is gedurende duizenden jaren door vele generaties en vele tijdperken heen de eerbiedwaardige traditie geweest: het stralende, helder brandende vuur wordt doorgegeven. Verlichte zielen hebben hun licht gedeeld met en overgedragen aan oprecht zoekende zielen en zo hun hart verhelderd met nieuwe inzichten en een ruimere visie. Vervolgens is het de verantwoordelijkheid, de plicht en het voorrecht van de zoeker om deze visie om te zetten in ervaring. In enkele uitzonderlijke gevallen wordt een fortuinlijke ziel spontaan ten volle verlicht. Een dergelijk mens is een zegen voor de generatie waarin hij of zij leeft en werkt. Andrew Cohen is zo'n mens. Hij is een moderne westerse mysticus die straalt als een licht in de duisternis.

Toen hij Verlichting bereikte, verdween zijn ego. Het Bewustzijn dat achterbleef, was Kosmisch van aard en dimensie.

Alles werd erdoor omvat. Het werd gelijk aan het Al en trilde vanuit een gevoel van innige verbondenheid en medeleven mee met alles en iedereen binnen dit Al. Wij zouden het een kosmisch bewustzijn kunnen noemen dat voortkomt uit een diepe persoonlijke ervaring. Omdat er echter geen ego meer was, was het tegelijk ook een onpersoonlijke ervaring. Het gevoelige begripsvermogen dat hiervan het resultaat was, gaf aanleiding tot een groot mededogen. En door dit begripsvermogen en mededogen kwam uit een hart zo groot als een oceaan een grote golf van Liefde voort. Dit begrip en deze liefde omvatten het gehele bestaan en daarmee, als het ware, alles in de hemel en op aarde.

Daarmee komt een zeldzaam inzicht ter beschikking, vergezeld van het vastberaden en compromisloze standpunt dat, willen wij ook deelhebben aan een dergelijke ervaring, absolute en totale toewijding aan de totaliteit van ons eigen wezen noodzakelijk is.

April 2000
Sivananda Ashram
Rishikesh, India

Introductie

Stel je eens voor dat het boek dat je nu in je handen hebt een studieboek over een technisch onderwerp was, bijvoorbeeld radiologie of een academisch onderwerp als economie. Dan zou de titel waarschijnlijk zijn: *De grondbeginselen van...*

Dit boek is evenwel noch technisch, noch academisch, maar het verdient ten volle de titel *Grondbeginselen van Bevrijding* of *Het ABC van Verlichting* of *Beginnersboek over de Werkelijkheid.* Hoe de titel ook zij, dit kleine boekje is de kernachtige neerslag van een zeer grote wijsheid over wat voor jou het meest belangrijk is: het hoe en waarom van spirituele vrijheid, van onvoorwaardelijk geluk, van de zin van het leven, van de waarheid omtrent het bestaan, van Godrealisatie en van Verlichting.

De wijsheid die je erin vindt, is oeroud; je kunt die wijsheid in allerlei vormen geformuleerd aantreffen in alle spirituele tradities van de wereld. Maar Andrew Cohen verzamelt geen documentatie over wijsheid. De helderheid, de eenvoud en de integriteit van zijn leer tonen aan dat wat hij zegt werkelijk zijn eigen realisatie van de tijdloze leer is. Bovendien brengt hij het op een unieke en indringende wijze onder woorden, een wijze die voor onze tijd van grote betekenis is.

De waarheid van *In de wereld, maar niet van de wereld* moet door iedere generatie opnieuw ontdekt worden, wil dit boek zinvol kunnen zijn en geen dorre autoriteit. Andrews elegante presentatie van de grondbeginselen van Bevrijding biedt de zo noodzakelijke richtlijnen voor een wereldwijde samenleving die worstelt met toenemende conflicten en geweld. 'Conflicten en geweld' omdat religieuze groeperingen de neiging vertonen om hun stukje van de waarheid op een enge en jaloerse manier te verdedigen, in plaats van het liefdevol te delen met anderen, die ook hun specifieke visie hebben op de aard van het goddelijke en de werkelijkheid, een visie die niet minder waar is, maar ook niet veelomvattender. Andrew brengt deze grondbeginselen samen op een manier die bijdraagt tot een diep inzicht en laat ons zien dat de kern van deze verschillende visies dezelfde is.

Christenen bijvoorbeeld wordt in de Bijbel door Jezus geleerd: 'Zoek eerst het Koninkrijk Gods.' Andrew zegt: 'Voor wie oprecht geïnteresseerd is in vrijheid in dit leven, is de eenvoud van alleen Bevrijding te verlangen en niets anders heel aantrekkelijk.' Hij maakt ons duidelijk dat 'redding' alleen juist begrepen wordt in de betekenis van Bevrijding of Verlichting.

Hindoes, om een ander voorbeeld te geven, wordt in de Bhagavad Gita geleerd om 'alle handelingen te verrichten met het hart gericht op God en iedere gehechtheid aan de vrucht van ons handelen op te geven'. Andrew zegt: 'Uiteindelijk wil niemand van ons nog iets anders dan vrij zijn; daarom zal men bereid zijn om in actie te komen en zich offers te getroosten.'

Boeddhisten wordt geleerd dat de wortel van alle lijden begeerte is. Andrew zegt: 'Pas wanneer het verlangen wegvalt, kunnen wij de volheid gaan ervaren die er altijd is.'

Joden wordt geleerd dat het lijden en het verdriet van Job niet in persoonlijke zin opgevat moeten worden, omdat de schepping gebaseerd is op transcendentale krachten en wetten. 'Toen sprak God in een wervelwind tot Job en zei: "Waar was je toen ik de fundamenten van de aarde legde?"' Andrew zegt: 'Ja, om onszelf te bevrijden van onwetendheid en begoocheling moeten wij op een punt komen waarop wij rechtstreeks de onpersoonlijke aard van ieder aspect van onze persoonlijke ervaring kunnen waarnemen.'

Dit zijn enkele van de basisprincipes van Bevrijding. De zoeker hoeft deze principes niet stukje bij beetje uit verschillende bronnen te vergaren, want Andrews realisatie van de waarheid omtrent ons bestaan brengt ze in een naadloze en verfrissende stijl samen, met vele verbluffende inzichten en verpakt in heldere bewoordingen.

De waarheid omtrent ons bestaan wordt door verlichte leraren doorgaans verwoord in termen die passen bij de individuele persoon en dat geldt eveneens voor Andrew. Zoals passend is voor de moderne mens in zijn wetenschappelijk georiënteerde maatschappij plaatst Andrew zijn leer in de context van de evolutie van het gehele menselijke ras en in de context van kosmische wetten die onpersoonlijk functioneren en ons als individuen en als soort beïnvloeden. Het belangrijkste, geheel in overeenstemming met de hoogste gemeenschappelijke waarheid van de spirituele tradities van de wereld, is echter dat hij benadrukt dat Verlichting niet bereikt wordt louter voor onszelf, maar voor iedereen. De spirituele eenheid van het mensdom houdt in: zolang er nog één persoon niet bevrijd is, is er niemand bevrijd.

Andrew gebruikt de term 'spirituele krijger', een term die ik buitengewoon waardeer, omdat hij de betekenis heeft van een *eenduidig* gerichte, onstuimige en standvastige toewijding, die de beste krijgers, als zij de strijd ingaan, eveneens bezitten – een houding van 'geen overgave, geen terugtocht', die alles in het individu wakker maakt om de overwinning te behalen. Dit was de houding van de Boeddha op de avond dat hij onder de bodhi-boom zat en zwoer die plek niet te verlaten eer hij Verlichting bereikt had, of anders zou sterven. Het was ook de houding van Jezus toen hij vlak voor zijn kruisiging Jeruzalem binnenging. Dergelijke mensen veranderen vlak voordat zij Verlichting bereiken in wat ik 'RAMBO-dhisattva's' noem, zeer vaardige en wijze vredessoldaten, die hun liefdevolle pogingen ten behoeve van een onwetende, verwarde mensheid niet zullen staken voordat allen Verlichting bereikt hebben.

Hoewel ik Andrew nooit heb ontmoet, behalve dan in zijn leer, beschouw ik hem als een RAMBO-dhisattva. Ik ben geen aanhanger van hem of lid van zijn gemeenschap. Ik ben slechts een aanhanger van de waarheid, overal waar ik die vind. In de leer van Andrew Cohen vind ik een belangrijke leidraad voor moderne spirituele zoekers. Ik beveel de lezer dit boek van harte aan voor spirituele gezondheid en groei.

John White
schrijver van *The Meeting of Science and Spirit* en *What is Enlightenment?*

Ten geleide

Andrew Cohen is een gevaarlijk man en dit is een gevaarlijk boek, gevaarlijk voor ons cynisme, gevaarlijk voor onze wanhoop en hopeloosheid, en gevaarlijk voor onze bereidheid tot compromissen ten aanzien van wat juist is en naar waarheid. Als het zoeken naar de waarheid vervaagt als gevolg van twijfel en het doel van vrijheid achter de horizon van een verre toekomst verdwijnt, is hier de directheid te vinden van een levende leer, actueel en rechtstreeks te ervaren. De lessen in dit boek laten ons zien hoe wij zelf ontdekken kunnen, in onze eigen ervaring, wat het betekent om mens te zijn. Ze vormen een uitdaging voor iedere zelfingenomenheid of klakkeloze aanname omtrent het spirituele leven en spirituele kennis. Ze spreken alleen tot dat deel van ons dat de vonk van hoop voor menselijke goedheid bevat, het deel dat zich roert telkens wanneer wij het woord 'vrijheid' horen, dat als een onbeantwoorde liefde blijft verlangen naar een betekenis in het leven die groter, dieper en allesomvattend is. Op iedere pagina schreeuwt ons het 'Ja!' toe op de zeer aangrijpende mogelijkheid dat het leven werkelijk volmaakt, schitterend en zinvol kan zijn en op de mogelijkheid dat wij allemaal van invloed kunnen zijn op de menselijke evolutie als geheel. Dit is een Boek van het Leven, van jouw leven en van het LEVEN met hoofdletters geschreven.

Dit is geen boek met concepten, ideeën of commentaren op een waarheid die vaag waarneembaar is door de donkere spiegel van het denken. Het is de levende ervaring van één man: Andrew Cohen. Maar in al haar eenvoud en diepgang is zij tegelijk ook een getuigenis van onze diepste, gemeenschappelijke ervaring als mens. De radicale boodschap van Andrew is dat de hemel op aarde gebracht kan worden, en dat het in feite onze heilige taak is om dat te bewerkstelligen. Hij laat ons zien hoe wij de glorie die in onze meest diepgaande spirituele ervaringen onthuld wordt in praktijk kunnen brengen door hun bevrijdende kracht te benutten als een stimulans voor een radicale transformatie en voor onze menselijke evolutie. Niets is daarvoor vereist – geen speciale inwijding, geen ingewikkelde technieken, geen onduidelijke kennissystemen. Het is voldoende om een mens te zijn die zich ten volle verdiept in de fundamentele kwestie van wie wij in deze kosmos zijn en wat wij op deze planeet doen. In dit uitzonderlijke boek is alles te vinden wat wij nodig hebben om ons aardse leven te laten voeden door het vuur van de hemel.

Wie is Andrew Cohen? Hij is een revolutionaire spirituele leraar, wiens wapens een messcherp onderzoek zijn naar wat waar is en een overweldigende hartstocht voor de transformatie van het menselijke ras. Hij is een gezworen vijand van het ego en een bevrijder van het menselijk hart. Andrews consequente opstelling achter de vrijheid, zijn vermetele streven naar de waarheid in iedere situatie en zijn eis dat wij een liefde en een leven realiseren die geen grenzen kennen, laat ons zien dat de overwinning mogelijk is. Hij spoort ons aan om de sprong in het vuur van onze diepste hartstocht te maken, te branden en steeds meer en meer zorg te hebben, totdat de hele wereld in ons hart explodeert. Zijn strijdkreet en zijn liefde die geen krijgsgevangenen maakt, zijn schokkend voor onze middelmatigheid en voor het cynisme waarop het ego gedijt.

Zoals ook bij andere revolutionaire leraren uit het verleden het geval is, heeft Andrews eigen zoektocht naar de waarheid hem gevoerd tot voorbij de heersende opvattingen van zijn tijd, naar een dynamisch onderzoek dat hemel en aarde omvat. In de vijftien jaar die hij inmiddels anderen op hun pad naar Bevrijding begeleidt, heeft Andrew opmerkelijk veel inzichten verworven in de huidige situatie van het mensdom. Onvermoeibaar en onophoudelijk heeft hij onderzocht wat ons ervan weerhoudt om de waarheid van wat wij in onze diepste spirituele ervaringen ontdekken in praktijk te brengen. Het gevolg daarvan is een opmerkelijke leer – die door Andrew *Onpersoonlijke Verlichting* genoemd wordt. Deze leer van *Onpersoonlijke Verlichting* voert ons mee tot voorbij de egocentrische bezigheden die ons zo totaal in beslag nemen en brengt ons tot de tastbare herkenning van onze gezamenlijke menselijke ervaring, een herkenning die dringend van ons verlangt dat wij al het mogelijke doen om de onwetendheid en de gespletenheid in onszelf en de wereld te overwinnen. Andrew leert ons dat het radicale en revolutionaire van Verlichting een onpersoonlijke kracht vormt achter de evolutie van de mensheid als geheel. Dat is de context van zijn leer in dit boek.

Andrew heeft in dit boek zijn fundamentele leer vormgegeven in vijf principes. Deze principes zijn instrumenten die ons kunnen helpen om het mysterie en de werking van onze eigen ervaringen bloot te leggen. Als ze diepgaand ervaren worden, zal bovendien blijken dat deze principes in feite spirituele wetten zijn die reeds in ons werkzaam zijn en dat de kracht ervan in ons wacht om vrijgemaakt te worden. Niets van wat wij gewoonlijk opvatten als ons persoonlijke zelf – onze gedachten, onze gevoelens en ons verleden – is voor deze principes op enigerlei wijze relevant, en evenmin voor de orde die zij openbaren. Ze zijn volkomen vrij van ieder persoonlijk, afgescheiden zelfgevoel. Ze vernietigen de noodzaak van een psychologie zoals wij die kennen en onthullen onze romance met ons persoonlijke drama als niet meer dan een truc van het denken om ons te beletten de glorie en de dodelijke ernst van het leven waar te nemen. Deze principes, evenals de overige lessen die in dit boek gepresenteerd worden, hongeren het ego uit en dwingen het om zijn dodelijke greep op ons hart los te laten, zodat het ontzagwekkende vuur van ons Ware Zelf iedere ademhaling die wij doen kan gaan bezielen.

Onderschat niet de kracht van wat er in dit boek geschreven staat. Andrew durft het aan om een radicale psychologie van Bevrijding te presenteren, een psychologie die ons meevoert tot ver voorbij wie en wat wij menen te zijn. Hoewel ons verstand de volmaakte logica van deze onweerstaanbare woorden kan vatten, zijn het in feite *ervaringen* gevangen in letters op papier. Ze zijn een rechtstreekse weg naar de onbekende diepten van de mens. Oprechte contemplatie van deze lessen – een aandachtige dialoog tussen onze ervaringen en deze woorden – zal de deur openen naar een verrassende zelfkennis. Geef aandacht aan wat zich in je roert, luister naar de oproep van de innerlijke stem die het aandurft om het begrensde gebied van het bekende achter zich te laten. Er vindt hier iets plaats dat veel groter is: een explosie van de schepping zelf en het aanboren van een menselijk vermogen dat een einde maakt aan de van strijd vervulde wereld zoals wij die kennen. Achter het verlangen, achter het persoonlijke, wacht ons een onbekend potentieel dat het ongetemde Leven is. Het wacht op je op deze pagina's.

Elizabeth Debold
schrijfster van *Mother Daughter Revolution*

De vijf basisprincipes van Verlichting

Een heldere intentie

De wet van het eigen vrije wilsbesluit

Zie alles onder ogen en vermijd niets

De waarheid van onpersoonlijkheid

Ter wille van het geheel

De vijf principes definiëren een verlichte manier van omgaan met de menselijke ervaring. Ze beschrijven eenvoudig en helder hoe wij dat wat wij in de spirituele ervaring ontdekken in praktijk moeten brengen – hoe de absolute aard van die openbaring in ons leven hier en nu belichaamd kan worden. Als wij werkelijk oprecht het verlangen koesteren om de kostbare juweel van de Bevrijding in dit leven zichtbaar te maken, dan dienen deze vijf principes onvoorwaardelijk in praktijk te worden gebracht, altijd, overal en onder alle omstandigheden.

Het eerste principe

Een heldere intentie

Als je vrij wilt zijn, als je een verlost mens wilt zijn, is het van essentieel belang dat je je bezighoudt met wat het wil zeggen om eenvoudig te zijn – onvoorstelbaar eenvoudig, angstaanjagend eenvoudig, huiveringwekkend eenvoudig.

Voor velen van ons is het niet gemakkelijk om te begrijpen wat eenvoud is. Het verband tussen de betekenis van het menszijn en het begrip eenvoud is de meesten van ons vreemd, niet alleen voor ons intellect, maar ook voor onze ervaringswereld. Voor velen van ons klinkt eenvoud zelfs niet eens aantrekkelijk. Doorgaans zijn wij juist verknocht aan het tegenovergestelde van eenvoud. Toch ligt in eenvoud onze redding. En als wij vrij willen zijn, als wij werkelijk geestelijk gezonde mensen willen zijn, dan is het van essentieel belang dat wij diepgaand onderzoeken wat het wil zeggen om eenvoudig te zijn.

De weg van gebonden zijn naar Bevrijding is de beweging van complexiteit naar eenvoud. En deze weg, het gaan van complexiteit naar eenvoud, zal uiteindelijk van ons vragen dat wij alles loslaten wat onecht, verkeerd en onwaarachtig is. Deze weg zal van ons vragen om bereid te zijn alles wat oppervlakkig en irrelevant is te transcenderen. Het is namelijk zo dat heel veel van wat ons interesseert en bezighoudt uiteindelijk, vanuit een diep spiritueel standpunt gezien, volkomen irrelevant blijkt te zijn – van nul en generlei waarde, een totale tijdverspilling.

Als wij eenvoudig willen worden, dan moeten wij, in plaats van veel dingen te verlangen, op een punt komen waarop wij nog maar *één ding* verlangen. Meer is niet nodig. Als wij vrij willen zijn, als wij willen ervaren wat het wil zeggen om een bevrijd mens te zijn, dan is de weg naar dat doel eenvoudig te vinden door op te houden met naar veel dingen te verlangen en nog slechts te verlangen naar één ding.

Als het enige waarnaar we verlangen Bevrijding is, dan zullen wij helder en duidelijk kunnen waarnemen, zodat onze aandacht heel geconcentreerd wordt. Hoe komt dat? Omdat wij maar *één ding* willen; als je maar één ding wilt, is het moeilijk om in verwarring te raken. Als wij namelijk veel dingen willen, raken wij gemakkelijk in de war. Maar als wij maar één ding willen en dat ding *verandert nooit*, om geen enkele reden, dan ontdekken wij een onverwacht heldere zijnstoestand. Wij zullen vrij zijn van fundamentele verwarring, omdat onze aandacht voortdurend gericht is op Bevrijding alleen, en nergens anders op.

Voor wie oprecht geïnteresseerd is in vrij zijn in dit leven is de eenvoud van alleen maar verlangen naar Bevrijding heel aantrekkelijk. Voor zo iemand betekent alleen de gedachte van louter vrij te willen zijn, alleen de overtuiging dat niets anders ertoe doet, die gedachte alleen al, reeds een grote bevrijding. Alleen maar vrij willen zijn en bereid zijn om iedere andere belangstelling los te laten, bevrijdt ons van de wereld. Als wij bovenal vrij willen zijn, worden wij verlost van het denken en van de tijd. Het is echt zo. Dan worden wij niet alleen bevrijd van de eindeloze last van allerlei keuzes te moeten maken, maar ook van de onvermijdelijke aantrekkingskracht die uitgaat van alles wat onecht, verkeerd en onwaarachtig is.

Als wij bovenal vrij willen zijn, worden wij dus heel eenvoudig. Als Bevrijding het enige van belang voor ons is en wij zijn bereid om naar dat verlangen te handelen , en wel zo dat wij niet bezwijken voor de verleiding te geloven dat er iets bestaat dat ooit belangrijker zou kunnen zijn, dan worden wij werkelijk heel eenvoudig. Voor een zeer wereldlijk persoon, voor iemand die geen besef heeft van de spirituele dimensie van het leven, kunnen wij onverdraaglijk eenvoudig worden, afschuwelijk eenvoudig. Zo'n persoon kan gaan menen dat wij te ver zijn gegaan en de hele kwestie van Bevrijding te serieus hebben genomen. Hoe komt dat? Dat komt omdat wij niet wezenlijk meer in iets anders geïnteresseerd zijn. Niets anders kan ons nog in beweging brengen, niets anders kan ons nog inspireren en niets anders kan ons nog raken.

Het is van belang om te begrijpen dat degenen die het punt dat ik zojuist beschreven heb bereikt hebben – degenen die op geen enkele manier meer afgeleid kunnen worden van hun uitsluitende belangstelling voor bevrijding van angst en onwetendheid in dit leven – ontdekken zullen dat zij veel gemeen hebben met iemand die de overwinning heeft behaald. Zij hebben veel gemeen met iemand die een levende manifestatie geworden is van het soort eenvoud waarover ik spreek. Iemand die bovenal vrij *wil zijn* en iemand die vrij *is*, verschillen in veel opzichten helemaal niet van elkaar. Het is van groot belang om dit te begrijpen. Als je bovenal vrij wilt zijn en tot alles bereid bent om in dit leven de beloning van Bevrijding te ontvangen, dan heb je vanuit een bepaald gezichtspunt bekeken die beloning al gekregen.

We weten natuurlijk niet hoevelen van ons er daadwerkelijk in slagen om in dit leven verlicht te worden; dat soort dingen kunnen we nooit voorspellen. Maar hoevelen van ons op dat punt komen waarop zij bereid zijn *al het mogelijke* te doen om hierin te slagen, is een heel andere kwestie. Kijk, het vermogen om zover te komen ligt geheel en al bij onszelf. Uiteindelijk kan niemand meer doen dan bovenal verlangen om vrij te zijn en de bereidheid hebben om dat verlangen waar te maken door overeenkomstig te handelen en er de noodzakelijke offers voor over te hebben. Vanuit een bepaald standpunt gezien doet het er niet werkelijk toe of wij erin slagen om volledig verlicht te worden – dat maakt geen verschil. Maar wat alle verschil van de wereld maakt, is of wij *werkelijk die bereidheid hebben, hier en nu.*

Als wij nu werkelijk die bereidheid hebben, verandert onze relatie met de wereld en alles daarin – *alles wordt mogelijk*. Hoe kan dat? Omdat innerlijk onze aandacht nog slechts op één ding gericht is. Onze aandacht is nu gericht op een mysterie dat geen enkel gevoel van beperking kent. Dit mysterie is onpeilbaar, met geen pen te beschrijven en onkenbaar. Wanneer onze aandacht echter primair gericht is op de materiële wereld – op wat wij daarvan verlangen, hoe wij ons daarin voelen en wat wij daarvan denken – dan is *niet alles* meer mogelijk, omdat wij onze aandacht geheel en al gericht houden op dat wat van zichzelf beperkt is. Wanneer wij onze aandacht richten op dat wat van zichzelf beperkt is, is er nog maar heel weinig mogelijk. Wanneer het leven geleefd wordt zonder kennis of ervaring van een wonderbaarlijke mogelijkheid, zonder enige kennis van wat heilig is, van wat altijd volmaakt is – want dat is de aard ervan – dan is er geen ruimte meer voor de diepte die geen einde kent. Een leven dat zonder enige kennis of ervaring van die mogelijkheid geleefd wordt, is een beperkt leven en beperkingen met betrekking tot de vrijheid waarover ik het heb, betekenen hetzelfde als helemaal geen leven.

Het is van belang om te begrijpen dat voor ieder van ons de enige mogelijkheid uiteindelijk is: verlangen om bovenal vrij te zijn en de bereidheid hebben om alles te doen wat nodig is om daarin te slagen. Wanneer wij op dat punt zijn gekomen waarop wij letterlijk alles doen wat wij mogelijkerwijs doen kunnen, het punt waarop wij ons daarvoor onophoudelijk, zonder enige reserve en ten volle inzetten, en alleen nog in dat verlangen willen sterven, dan en alleen dan rest ons niets meer te doen. Dan en alleen dan zullen wij gaan ontdekken wat Bevrijding werkelijk betekent. Wij hoeven onze aandacht alleen maar gericht te houden op al het mogelijke doen om te slagen. Als wij daartoe ten volle bereid zijn, onvoorwaardelijk, zonder enig voorbehoud, *dan ligt daarin onze verlossing*. Wij zullen daadwerkelijk de verlossing ervaren. Wat er verder wel of niet gebeurt, hebben wij niet meer in de hand – wij hebben daarin geen enkele stem meer. Voorbij deze onvoorwaardelijke bereidheid om te sterven ligt alleen nog het mysterie, en hoe dat werkt, zullen wij nooit weten.

Vrij willen zijn boven alles betekent dat wij niet meer wachten. Het betekent dat wij niet meer uitstellen. Het betekent dat wij onszelf niet meer voor de gek houden en het ons eindelijk ernst is. Het betekent dat een onvoorwaardelijke relatie met vrijheid niet meer iets is dat ons angst inboezemt. Integendeel, het zet ons hart in vuur en vlam.

Wil een spirituele ervaring leiden tot een uitzonderlijke transformatie, dan dienen wij stevig verankerd te zijn in het aanhoudende verlangen om bevrijd te worden. Dat houdt in dat wij bereid moeten zijn deze wereld, dus iedereen en alles voor eeuwig te verlaten. Als wij die bereidheid niet hebben, zal er een reactie plaatsvinden, hetgeen betekent dat wij terug zullen keren. Wij zullen terugkomen, omdat wij niet zeker weten of wij wel bovenal vrij willen zijn. Vrij betekent VRIJ. Vrij zijn betekent *alles achterlaten*. Vrij zijn betekent niets hebben en niets hebben *is* vrij zijn. Je moet begrijpen dat Verlichting geen object is waar het ego, het gevoel van een afgescheiden zelf, mee kan spelen, iets om zichzelf mee te vermaken.

Wil het spirituele leven leiden tot Bevrijding, dan moet het geïnspireerd zijn door het rotsvaste voornemen om tot elke prijs te slagen. Als wij onszelf willen bevrijden van angst, onwetendheid en onze fundamenteel egocentrische manier van omgaan met het leven, dan dient ons spirituele leven geïnspireerd te worden door het brandende verlangen om de weg tot het einde te gaan. Zonder die brandende hartstocht zal de praktijk van ons spirituele leven niet het vermogen in zich dragen om ons te bevrijden. In feite kan een spiritueel leven in enige andere context dan die van louter Bevrijding onze vijand worden. Hoe is dat mogelijk? Dat is mogelijk, omdat zo'n leven het ego naar alle waarschijnlijkheid de gelegenheid zal geven met zichzelf ingenomen te raken. En daarin schuilt het grote gevaar het contact te verliezen met het allesoverheersende gevoel van dringende noodzakelijkheid, dat zo essentieel is, wil er werkelijk iets kunnen veranderen.

Wat ik nu bespreek, is het fundament van mijn leer. Ik denk ook dat dit het fundament is van iedere werkelijke leer van Verlichting. Het pad, het doel en alles daartussen begint en eindigt met dit en met dit alleen. Ik noem het 'een heldere intentie'. Het is het fundamentele en onvoorwaardelijke besluit om *in dit leven* bevrijd te worden. Een heldere intentie betekent dat wij *hier en nu* bovenal verlangen om vrij te zijn. 'Hier en nu' houdt in dat wij met betrekking tot iedere keuze die wij maken, iedere handeling die wij doen en iedere gebeurtenis die in het verleden heeft plaatsgevonden of die in de toekomst nog plaats zal vinden, allereerst en boven alles *vrij willen zijn*. Vrij willen zijn verandert alles. Overdenk dit voor jezelf en je zult zien dat het waar is.

In het licht van de intentie om vrij te zijn worden alle dingen helder. *Een heldere intentie* is de snelste weg uit onze diepe en fundamentele verwarring. De intentie om vrij te zijn heeft, indien zij voldoende gecultiveerd wordt, het unieke vermogen om de overweldigende verwarring te doorbreken die het resultaat is van alles wat persoonlijk is. Zij kan in een oogwenk de illusie doorbreken van de verblindende complexiteit die ontstaat als gevolg van onze gehechtheid aan eigenbelang en eigendunk, mits wij daartoe bereid zijn. Maar de eis is onvoorwaardelijk. Als wij haar serieus nemen, zal de intentie om vrij te zijn alles van ons vragen – en nog een klein beetje meer. Je kunt dit niet licht opvatten. Kijk, de enige reden dat degenen die aan dit pad beginnen niet slagen, de enige reden dat zij belangrijke fouten maken, is dat *zij niet trouw zijn aan het onveranderlijke verlangen om bovenal vrij te zijn*. Als wij altijd trouw zijn aan het verlangen om vrij te zijn, dan maken wij geen belangrijke fouten – dat zou niet eens kunnen. Als wij daaraan altijd trouw zijn en louter daaraan, dan kunnen wij niet falen.

Maar als wij geen gehoor geven aan de dringende oproep tot Bevrijding, als wij ons laten afleiden, als wij gaan geloven dat iets anders ooit even belangrijk zou kunnen zijn, dan zal het delicate vertrouwen dat het fundament is van het spirituele pad het begeven. Zonder dat wij het merken, zullen wij achteloos worden en dan zal de bevrijdende kracht van een innerlijke zekerheid en een onwankelbare overtuiging in een oogwenk verdwenen zijn.

Dit soort intense hartstocht, deze allesoverheersende belangstelling, kan niet lichtvaardig opgevat worden. In deze wereld, waar zoveel afleiding is en waar onze aandacht doorgaans op een pijnlijke wijze gericht blijft op een egocentrische en uiterst materialistische omgang met het leven, is de gevoeligheid en kostbaarheid van dit soort hartstocht zo goed als onbekend. In deze wereld zal deze hartstocht voor vrijheid in ons niet eens overleven, tenzij wij dodelijk serieus zijn, ongemeen waakzaam en buitengewoon voorzichtig. Zo is het nu eenmaal.

Wij misleiden onszelf zo gemakkelijk – dat is in feite het gemakkelijkste wat er is. De meeste mensen misleiden zichzelf voortdurend. Wat is onwetendheid? *Onwetendheid is een toestand van voortdurende zelfmisleiding.* Het komt buitengewoon zelden voor dat iemand voor meer dan enkele ogenblikken werkelijk ontwaakt. En vanwege de kracht van deze gewoonte om een leven van zelfmisleiding te leiden is het van essentieel belang om absoluut uitsluitend gericht te zijn op Bevrijding. Als wij niet eenduidig zijn, zullen wij het niet halen. De krachten die ons tegenwerken en de stroom van onwetendheid in de wereld waarin wij leven, zijn gewoon te sterk.

Om zelf te gaan begrijpen wat een *heldere intentie* is, moeten wij de betekenis en de waarde van eenvoud gaan begrijpen. Ik wil je ten sterkste aanmoedigen om na te denken over wat eenvoud, *absolute* eenvoud, inhoudt. Als je dat doet, zul je heel helder gaan zien wat het precies is waarnaar ik verwijs. Overdenk dit steeds opnieuw. Ga zo diep op deze absolute eenvoud in, dat je hem rechtstreeks begint te kennen en te voelen, en gaat *ervaren* wat ik precies bedoel. En als je werkelijk gaat ervaren wat eenvoud eigenlijk betekent, dan kun je gaan kijken naar het tegenovergestelde ervan, naar complexiteit. En dan zal alles onthuld worden. Alles zal helder worden – het verschil tussen wijsheid en onwetendheid, tussen vrijheid en slavernij, tussen hemel en hel. Gezien vanuit eenvoud zal complexiteit en alles wat erdoor vertegenwoordigd wordt er uitermate onaantrekkelijk en heel pijnlijk gaan uitzien. In feite wordt complexiteit dan ervaren als de essentie van dat wat verwarrend, misleidend en van zichzelf verdeeld is. Maar je zult dat zelf moeten ontdekken.

Onderzoek eenvoud. Onderzoek tot op de bodem wat eenvoud wil zeggen. En wanneer je een eenvoud ontdekt die zo gewoon is dat hij absoluut is, blijf daar dan met je aandacht bij. In die absolute eenvoud wordt de waarheid onthuld. Degenen die geen ogen hebben om te zien, worden verblind door complexiteit. Zij geloven dikwijls dat complexiteit een inherente betekenis in zich draagt. Maar laat je niet voor de gek houden: in werkelijkheid is het precies andersom.

Wil je in staat zijn om rechtstreeks te ervaren wat de waarheid is, dan dien je eerst eenvoudig te worden. De reden daarvoor is dat complexiteit eenvoud *niet kan begrijpen*. Maar, en dat is waar het om draait, eenvoud kan complexiteit *wel begrijpen*. Complexiteit ziet geen eenvoud, maar eenvoud kan wel complexiteit zien. Om in contact te komen met de oorsprong van alle waarachtige wijsheid, dien je *zelf eenvoudig te worden*. Andersom werkt het gewoon niet. Weet je, eenvoudig zijn betekent heel zijn. Het betekent volkomen onverdeeld zijn, *totaal één worden*.

Ik raad je ten sterkste aan om hier zoveel mogelijk aandacht aan te geven. Ik kan het belang ervan niet voldoende benadrukken. De absolute eenvoud die je door middel van standvastige contemplatie van het verlangen om bovenal vrij te zijn rechtstreeks kunt ontdekken en ervaren, *is* Bevrijding. Daarom is onveranderlijk gerichte contemplatie van het eerste principe, *een heldere intentie*, zo belangrijk. Daarom is indringende overdenking van louter en alleen naar vrijheid verlangen in feite het belangrijkste onderdeel van het spirituele leven.

Het tweede principe

De wet van het eigen vrije wilsbesluit

Het tweede principe, *de wet van het eigen vrije wilsbesluit*, vormt een grote uitdaging. Dit principe zegt dat wij, als wij vrij willen zijn, bereid moeten zijn om absolute verantwoordelijkheid te nemen voor alles wat wij doen. De reden dat de *wet van het eigen vrije wilsbesluit* zo'n grote uitdaging is, is dat wij leven in een wereld waarin de meesten van ons ervan overtuigd zijn dat het onmogelijk is om verantwoordelijkheid te nemen voor alles wat zij doen. De reden dat wij geloven dat we onmogelijk verantwoordelijk kunnen zijn voor alles wat we doen, is eenvoudig dat wij ervan overtuigd zijn dat we slachtoffers zijn, *slachtoffers die de controle kwijt zijn*.

In het begin van mijn leraarschap heb ik iets opvallends ontdekt. Ik kwam erachter dat wij *diep van binnen allemaal precies weten wat wij doen*. Wat betekent dat? Het betekent dat mensen die gelukkig willen zijn, keuzes maken die het hun mogelijk maken om geluk te ervaren. En mensen die niet gelukkig willen zijn, maken met opzet keuzes die ervoor zorgen dat ze zichzelf als ongelukkig blijven ervaren. Voor degenen onder ons die naar spirituele Bevrijding streven, geldt hetzelfde.

Tegenwoordig beweren veel mensen dat ze vrij willen zijn, maar als ze dat werkelijk menen, hoe komt het dan dat zo weinigen oprecht kunnen zeggen dat zij hun onwetendheid overwonnen hebben? Het tweede principe, *de wet van het eigen vrije wilsbesluit*, stelt dat alles het gevolg is van onze eigen vrije keuze, ook onze relatie met de bevrijding van angst, onwetendheid en egoïsme. Het feit is dat zij die zeggen boven alles vrij te willen zijn en dat ook *menen*, hierin daadwerkelijk slagen. En dat komt, omdat zij onvoorwaardelijk *de wet van het eigen vrije wilsbesluit* aanvaarden. Dat betekent dat zij bereid zijn om welgemeend verantwoordelijkheid te nemen voor absoluut alles wat zij doen.

Wanneer spirituele zoekers praten over hun innerlijke ervaringen, dan hebben ze dikwijls de merkwaardige gewoonte te verwijzen naar verschillende 'delen' van zichzelf. Ze zeggen dan dat er een deel is dat vrij wil zijn, maar dat er een ander deel is dat niet vrij wil zijn. Sommigen vertellen zelfs dat verschillende 'stemmen' in hun hoofd het woord voeren: een stem die hartstochtelijk vrij wil zijn en een andere stem die heftig tegen dat idee in opstand komt.

Wanneer wij merken dat er verschillende stemmen in ons aan het woord zijn, een stem die ons naar Bevrijding leidt en een stem die ons naar de tegenovergestelde kant trekt, dan *lijkt* het alsof er daarbinnen meer dan één van ons aanwezig is. Het uiterst belangrijke feit, dat de meesten van ons lijkt te ontgaan, is echter dat er altijd maar één is die al die verschillende stemmen hoort – één entiteit, één individu, één zelf. Er bestaat werkelijk maar één entiteit die alle dingen ervaart, en die entiteit neemt *en* de oproep tot bevrijding waar *en* de stem van twijfel, de stem die er onophoudelijk op aandringt dat het eigenlijk niet mogelijk is om vrij te zijn. Niet mogelijk voor wie? Voor precies *hetzelfde zelf* dat de oproep tot Bevrijding hoort. Nogmaals, er is slechts één zelf dat reageert op de oproep tot Bevrijding. En het is datzelfde zelf dat steeds opnieuw ten prooi lijkt te vallen aan de macht van onze meest duistere impulsen.

Het is van groot belang om dit te erkennen. Waar ik over spreek, lijkt, als ik het zo beschrijf, erg voor de hand te liggen, maar voor de meesten van ons ligt dit beslist niet voor de hand als zij volkomen in verwarring zijn en de tegenstrijdige impulsen in zichzelf daadwerkelijk ervaren – de aantrekkingskracht van de hemel en die van de hel.

Welnu, de reden dat er verschillende delen van onszelf lijken te bestaan is alleen maar dat wij de gewoonte hebben om keuzes te maken op basis van deze extreem tegenstrijdige impulsen in onszelf. Wanneer wij bijvoorbeeld kiezen wat positief is, dan ervaart het zelf dat kiest het positieve. Wanneer wij kiezen wat negatief is, dan ervaart het zelf dat kiest het negatieve. Het is zelfs zo dat wanneer wij voor vrijheid kiezen, wanneer wij voor bevrijding van onwetendheid en egoïsme kiezen, wij een zelfbewustzijn ervaren dat zo positief is, dat al onze ideeën over de betekenis van het woord *positief* wegvallen. En als wij het negatieve kiezen, dan ervaren wij onmiddellijk een zelfbewustzijn dat volkomen afgescheiden is, ambitieus en voortgedreven door angst.

Omdat er een kwalitatief verschil bestaat in de manier waarop deze verschillende keuzes het *gevoel* van ons ene zelf bepalen, nemen wij onbewust aan dat er meer dan één zelf in ons bestaat. Maar dat is niet zo. Er is maar één zelf, één entiteit die het positieve en het negatieve ervaart, *als gevolg van de keuze die dat ene zelf gemaakt heeft.* Welk zelf willen wij nu zichtbaar laten worden? Welk zelf willen wij zijn? Er is in ons maar één zelf. En dat ene zelf *wordt wat het verkiest te zijn.*

De reden dat wij onophoudelijk lijden, de reden dat de pijnlijke ervaring van afscheiding en isolement zo algemeen is, is in feite alleen maar dat wij niet de juiste keuzes maken. Waarom maken wij dan niet de juiste keuzes? Het traditionele antwoord op deze vraag is dat dit te wijten is aan de toestand van onwetendheid waarin wij verkeren – wij weten niet beter. En zolang wij niet op het uiterst belangrijke keerpunt in onze eigen ontwikkeling zijn gekomen waarop wij het doorslaggevende besluit nemen om *vrij* te zijn, om in dit leven bevrijd te worden, zal onwetendheid altijd een geldig excuus zijn voor het maken van de verkeerde keuzes. Maar *nadat* wij het besluit om in dit leven bevrijd te worden bewust genomen hebben, kan onwetendheid nooit meer een acceptabel excuus zijn voor het maken van de verkeerde keuzes. Want als de keuze om vrij te zijn waarachtig gemaakt is, weten wij diep in ons hart altijd precies wat wij doen.

De moeilijkste keuze voor ons om te maken is de keuze om verantwoordelijkheid te nemen voor alles wat wij doen. De meesten van ons houden zich het liefst verre van een dergelijke omgang met het leven; het is gewoon te groot voor ons, het is ons gewoon te veel. Alleen die individuen die er absoluut zeker van zijn dat zij vrije, verlichte mensen willen zijn, zullen daarvoor belangstelling hebben. De meesten van ons willen die mate van verantwoordelijkheid niet. Waarom niet? Eenvoudigweg omdat wij dan de schuld van onze moeilijkheden niet meer aan iemand anders kunnen geven. Wij willen het idee dat wij slachtoffers zijn, het idee dat ons te kort is gedaan, niet opgeven. Wij willen de diepe overtuiging niet loslaten dat wij tijd nodig hebben om onze wonden te laten helen, dat wij meer tijd nodig hebben om het verleden te verwerken en dat wij nog meer tijd nodig hebben om een leven van compromissen te blijven leven. *Wij willen namelijk geen volmaaktheid.* Wat houdt volmaaktheid in? Volmaaktheid betekent onvoorwaardelijk verantwoordelijkheid nemen voor onszelf in de naam van Bevrijding, *hier en nu*. *Volmaaktheid* is echter een woord waar wij ons verre van houden. Het geeft ons het gevoel geen adem te kunnen halen. En als een woord als volmaaktheid ons een gevoel van verstikking geeft, in plaats van een grote bron van inspiratie te zijn, dan kan dat alleen maar betekenen dat wij geïnteresseerd zijn in en gehecht zijn aan een bestaan dat minder is dan volmaakt.

Woorden als *absoluut* en *volmaakt* dagen ieder deel van ons dat niet vrij wil zijn, ieder deel van ons dat wanhopig afgescheiden wil blijven, tot het uiterste uit. Als woorden als absoluut en volmaakt ons storen, dan dienen wij heel goed te kijken naar hoe we eigenlijk met het leven omgaan. En als wij dat doen, zullen we waarschijnlijk ontdekken dat onze belangstelling voor wat heilig is niet onverdeeld is. En dat betekent dat, als wij onder grote druk staan, als wij met onze rug tegen de muur staan, de stem in ons die niet vrij wil zijn, die geen volmaaktheid wenst, in niet mis te verstane bewoordingen ruimte voor zichzelf zal opeisen.

Zolang wij op deze manier innerlijk verdeeld blijven, zullen wij nooit vrij zijn. Dit is eigenlijk de enige reden dat zo weinigen werkelijk slagen. De meesten van ons zijn meer geïnteresseerd in het in stand houden van de vrijheid om *afgescheiden* te zijn, de vrijheid om *niet* ten volle verantwoordelijk te zijn voor zichzelf, dan dat zij toegewijd zijn aan het hier en nu bereiken van Bevrijding. Het is een feit dat de meesten van ons zich niet willen ontdoen van deze fundamentele innerlijke verdeeldheid.

Zoals wij het ervaren, innerlijk, voor ons geestesoog, zijn er op ieder ogenblik talloze mogelijkheden die zich aan ons voordoen en weer verdwijnen – talloze mogelijkheden, maar ook talloze keuzes. Vandaar dat opnieuw de vraag luidt: welke keuze maken wij? Zoals ik reeds zei, als je diep genoeg naar binnen kijkt, ontdek je dat er van jou maar één is en niet velen, en dat de keuzes die je maakt bepalend zijn voor de identiteit van dat ene zelf in jou. In feite *zijn het enkel en alleen de keuzes die wij maken die definiëren wie wij op een bepaald ogenblik zijn*. Van het ene op het andere moment kan dat wie wij zijn dan ook radicaal veranderen. Maar dat is nu juist het goede nieuws: een diepgaande en radicale bevrijding van onwetendheid is op ieder moment mogelijk.

Vandaar dat wij onszelf de vraag stellen: welke keuze maken wij op ieder moment? Wanneer wij deze vraag in overweging nemen, wordt alles eenvoudig en duidelijk – in feite wordt alles ontstellend eenvoudig en angstwekkend duidelijk. Dan ontdekken wij voor onszelf dat iedere man of vrouw die ontwaakt is, iedere man of vrouw die werkelijk bewust is van het feit dat hij of zij leeft, een enorme last te dragen heeft. Vandaar dat wij onszelf de vraag stellen: welke keuze maak ik? Brengen de keuzes die ik maak liefde voor de waarheid tot uitdrukking, een voorkeur voor dat wat heilig is? Of zijn de keuzes die ik maak een uitdrukking van mijn gehechtheid aan onwaarheden en mijn identificatie met wat schadelijk is?

Wat ik wil zeggen, is dit: onwetend zijn betekent dat wij dwangmatig de verkeerde keuzes maken, op een blinde, door en door geconditioneerde manier. En ontwaakt zijn betekent dat wij steeds de juiste keuzes maken. Hoe is dat mogelijk? Dat is mogelijk, omdat wij kunnen *zien*, omdat wij weten wat wij doen en waarom wij het doen. En ook omdat wij in de kern van ons wezen *geen verkeerde keuzes meer willen maken*. Wanneer wij geen verkeerde keuzes meer willen maken, zijn wij eindelijk gezuiverd van het verlangen om te kiezen voor het ego, om te kiezen voor afgescheidenheid. Dan beginnen wij voor onszelf rechtstreeks waar te nemen hoe de karmische wet eigenlijk werkt.

Wanneer wij keer op keer de verkeerde keuzes maken, ontstaat er een karmische kracht, een cumulatieve kracht, als gevolg van gedurende een lange tijd consequent de verkeerde keuzes maken. Wanneer wij duizenden keren gekozen hebben voor zelfzuchtigheid en afgescheidenheid, dan wordt dat op den duur een grote kracht, een kracht die letterlijk *zichzelf opwekt*. En wanneer die kracht zichzelf opwekt, begint zij zich de energie van de persoonlijkheid toe te eigenen en zal ze die uiteindelijk gaan beheersen en voortstuwen in de tijd. Waar het echter om gaat, is dat *wij* die kracht gecreëerd hebben; wij hebben haar gecreëerd door de keuzes die wij steeds opnieuw gemaakt hebben. Vandaar dat wij zo vaak zeggen: 'Ik kon er niets aan doen!' De karmische invloed van deze kracht heeft zoveel energie verzameld, dat het inderdaad *lijkt* alsof wij er niets aan konden doen. Het lijkt daadwerkelijk uit zichzelf te gebeuren, *maar dat is alleen zo vanwege de kracht erachter, die gaandeweg energie verzameld heeft.*

Om een werkelijk bevrijd individu te zijn, moet deze kracht volkomen teniet worden gedaan, voor altijd volkomen en compleet vernietigd. *Pas wanneer deze kracht vernietigd is, is er een toestand van permanente Bevrijding mogelijk.* En de manier om deze enorme kracht teniet te doen is eenvoudig *de keuze te maken om vrij te zijn.* Niet één of twee keer de keuze maken om vrij te zijn, maar telkens weer, telkens weer. Als wij vrij willen zijn, als wij de kracht van vroeger karma ongedaan willen maken, dan hebben wij bovenal *vasthoudendheid* nodig. Om te slagen moeten wij een diep vertrouwen ontwikkelen in ons eigen vermogen om voortdurend de keuze te maken om vrij te zijn, of het nu juist *voelt* om die keuze te maken of niet.

Wanneer mensen oprecht aan het spirituele leven beginnen, dan komen ze dikwijls deze karmische kracht, deze conditionering tegen en binden zij de strijd ermee aan. En doorgaans voelen zij een enorm grote weerstand. Weerstand waartegen? *Tegen het juiste doen.* Velen geloven dat louter spirituele ervaringen hen van karmische banden zullen verlossen. Maar in feite is dit meestal niet het geval, en dat komt door de enorm sterke invloed die van de karmische kracht uitgaat. Spirituele ervaringen kunnen ons wel degelijk de directe ervaring geven de juiste en ware relatie met alle dingen waar te nemen. Maar het maken van de juiste keuzes stelt ons in staat om naar die openbaring te *handelen*. Door steeds weer te handelen naar dat wat ons in diepgaande spirituele ervaringen geopenbaard is, wordt de grote kracht van het karma ten slotte vernietigd.

Om te slagen moeten wij er vanuit onze eigen ervaring zonder enige twijfel van overtuigd zijn dat Bevrijding een levende mogelijkheid is, dat Bevrijding *echt* is. Maar vanaf dat moment, of dat wat in de spirituele ervaring rechtstreeks ervaren wordt nu duidelijk is of niet, dienen wij er ieder moment voor te *kiezen* om vrij te zijn, *wat er ook gebeurt*. Dan zijn wij ware spirituele krijgers geworden. Dan is het ons eindelijk ernst geworden om in dit leven onze onwetendheid te overwinnen.

Het tweede principe, *de wet van het eigen vrije wilsbesluit*, stelt dat wij, alleen wij, altijd de keuze kunnen maken om vrij te zijn – of onvrij te zijn. Zij zegt dat als wij *werkelijk* vrij willen zijn, het van essentieel belang is dat wij op een punt in onze evolutie komen waarop wij vastbesloten zijn om alleen nog de juiste keuzes te maken, de keuzes die ons naar de Bevrijding zullen voeren.

Zoals de negatieve karmische kracht zichzelf opwekt als gevolg van het ontelbaar vele malen maken van de verkeerde keuze, zo begint deze kracht af te zwakken en tegelijk ons vertrouwen in de mogelijkheid van Bevrijding toe te nemen, als gevolg van de ervaring van openbaring en doordat wij steeds opnieuw de juiste keuze maken. Als dit vertrouwen stabiel is geworden, wordt het maken van de juiste keuze gemakkelijker. Naarmate ons vertrouwen verder toeneemt als gevolg van consequent de juiste keuzes maken, neemt de karmische kracht nog verder af, totdat zij niet alleen totaal ophoudt te bestaan, maar – en dat is waar het om gaat – *er een nieuwe kracht geboren wordt*.

Deze nieuwe kracht is de energie van de Bevrijding zelf. Als wij die energie tot het eind toe volgen, zal ook die kracht zichzelf gaan opwekken. En als zij zichzelf opwekt, is er geen inspanning meer nodig. Dan wordt een spontane toestand bereikt, een natuurlijke staat, waarin de energie van de Bevrijding de persoonlijkheid heeft overgenomen. *Dat is Bevrijding*, wanneer de onvoorwaardelijke, onbegrensde energie van het Absolute zich volkomen mysterieus en tegelijk alwetend in deze wereld openbaart. Wat blijft is hetzelfde lichaam, hetzelfde zenuwstelsel en hetzelfde denken, maar nu brengen die iets totaal anders tot uitdrukking, iets dat zo wonderbaarlijk is, dat het geen enkele herinnering meer heeft aan waar het vandaan komt.

Het derde principe

Zie alles onder ogen en vermijd niets

Het derde principe is *Zie alles onder ogen en vermijd niets*. Dit principe stelt dat wij, als we vrij willen zijn, de bereidheid moeten hebben om alles onder ogen te zien en niets te vermijden – altijd, overal en onder alle omstandigheden.

Zeer weinigen onder ons zien alles onder ogen. Zonder ons er bewust van te zijn, leven wij vanuit een door angst ingegeven gewoonte van vermijding en ontkenning. Die gewoonte is de beweging van het ego. De beweging van het ego is de dwangmatig behoefte om afgescheiden te blijven, altijd, overal en onder alle omstandigheden. Zolang wij blind zijn voor deze beweging van het ego, zullen wij onbewust blijven van de enorme mate waarin wij allerlei informatie omtrent onze eigen ervaringen vermijden en ontkennen, informatie die op enigerlei wijze strijdig zou kunnen zijn met de dwangmatige behoefte van het ego om zichzelf te beschouwen als afgescheiden.

Nogmaals, het ego is die beweging van het denken die een afzonderlijk zelfgevoel in stand wil houden – altijd, overal en onder alle omstandigheden. En in die beweging zullen wij opzettelijk kiezen om alles te vermijden wat de fundamentele geldigheid van de afgescheiden identiteit van het ego betwist. Voor iemand die leeft in de nachtmerrie van onwetendheid lijkt het voortbestaan, onder alle omstandigheden, van dat afgescheiden zelfgevoel belangrijker te zijn dan alle andere dingen.

Maar als wij besloten hebben dat wij vrij willen zijn, dan verandert het hele beeld. Nu wordt het primaire doel waarop wij onze aandacht richten het verlangen naar vrijheid en niet het voortbestaan van het ego. Nu hebben wij besloten dat wij bevrijd willen worden van de pijnlijke ervaring van een constante fixatie op het ego. Wij hebben ontdekt dat, zolang onze aandacht primair gericht is op dat doel, wij verstikt worden en beperkingen ervaren.

In de schokkende verandering van perspectief die door de spirituele ervaring ontstaat, wordt onze aandacht tijdelijk bevrijd van deze fixatie op het ego, met als gevolg dat onze aandacht zich letterlijk in alle richtingen uitbreidt. In die verruimde waarneming ontdekken wij iets heel bijzonders en wezenlijks, namelijk *de ware en juiste verhouding der dingen*. In de spirituele ervaring ontdekken wij dat die mysterieuze kennis er altijd geweest is, maar dat wij ons er eenvoudig nooit bewust van waren, omdat onze aandacht te zeer gericht was op de behoeften van het ego.

Wij zullen de ware en juiste verhouding der dingen nooit waarnemen als wij onze aandacht zo sterk blijven richten op het in stand houden en ondersteunen van een pijnlijk afgescheiden zelfbewustzijn. Wanneer wij echter niet meer investeren in het in stand houden van die splitsing en afscheiding, dan en alleen dan zullen wij in staat zijn om rechtstreeks te ervaren wat het betekent om helder te zien. Om te kunnen ervaren wat het betekent om ontwaakt te zijn, om voor onszelf helder en duidelijk te kunnen waarnemen wat de waarheid eigenlijk is, *moeten* wij onszelf bevrijden van de verraderlijke behoefte om onszelf altijd te zien als afgescheiden.

Wanneer wij een leven lang bijna al onze energie hebben gegeven aan het ondersteunen van het ego en tegelijkertijd alles vermeden hebben dat ons zou kunnen doen twijfelen aan de geldigheid van dat ego, vergt het niet minder dan een heroïsche mate van belangstelling, vastberadenheid en hartstocht om onze aandacht los te maken van de invloed ervan. Alleen als wij boven alles vrij willen zijn en alleen als wij erkennen dat de relatie met onze ervaringen geheel en al gebaseerd is op onze eigen vrije keuze, zal het mogelijk zijn om een eind te maken aan de dwangmatige neiging van het ego om zoveel van de werkelijkheid te vermijden en te ontkennen.

Dus nogmaals, alleen wanneer *de eerste twee principes in alle oprechtheid in praktijk worden gebracht*, zullen wij zo bewust worden, dat wij in staat zijn om de ware en juiste verhouding der dingen waar te nemen. Wanneer wij de eerste twee principes oprecht in praktijk brengen en niet louter zien wat het ego wil dat wij zien, zullen wij in staat zijn om waar te nemen hoe het werkelijke plaatje eruitziet.

In de spirituele ervaring wordt het derde principe, *Zie alles onder ogen en vermijd niets*, herkend als de natuurlijke uitdrukking van een verloste bewustzijnstoestand. Waarom? Omdat er in die verloste bewustzijnstoestand geen enkele behoefte meer is om iets te vermijden. In die toestand is er geen enkele reden meer om iets te ontkennen. In die toestand is er geen reden meer overgebleven om de dingen anders te zien dan ze in werkelijkheid zijn.

Wanneer het bewustzijn bevrijd wordt van de sluier van het ego, is dat een zeer aangrijpende gebeurtenis. Die gebeurtenis is zo aangrijpend, omdat er ogenblikkelijk een oneindige diepte ontstaat, een uitzonderlijke uitgestrektheid en het besef van een diepgaande onderlinge verbondenheid binnen een context die grenzeloos is. Alleen wanneer wij onze aandacht zo ver uitbreiden, zullen wij op een manier kunnen leven die een heldere weerspiegeling is van die uitgestrektheid. Hoe kunnen wij dit bereiken? Door altijd, overal en onder alle omstandigheden alles onder ogen te zien en niets te vermijden. Door *altijd* alles onder ogen te zien en niets te vermijden, en *nimmer*, om geen enkele reden, af te wijken van die onvoorwaardelijke relatie met onze ervaringen, *zelfs niet voor één enkel ogenblik*.

Wat betekent het in werkelijkheid om alles onder ogen te zien en niets te vermijden? Het betekent dat wij onophoudelijk de ware aard onderzoeken van wat ons motiveert om de keuzes te maken die wij maken. Zijn wij voldoende nederig om de agressieve en angstaanjagend zelfzuchtige aard van veel van onze daden onder ogen te zien? Beschikken wij over zo'n grote moed? Als wij namelijk weigeren om de meest duistere delen van onszelf onder ogen te zien, zullen wij ze nooit kunnen transcenderen. Alleen wanneer wij werkelijk boven alles vrij willen zijn, is onze belangstelling zo oprecht, dat wij alles onder ogen zien en niets vermijden, hoe moeilijk of uitdagend dat ook is.

Alles onder ogen zien betekent *alles onder ogen zien*, niet alleen onze duistere impulsen. Alles onder ogen zien betekent dat wij de moed hebben om oprecht de oneindige diepte van ons Zelf te onderzoeken, een diepte die een mysterie verbergt dat zoveel ontzag inboezemt, dat wij ons daar eenvoudig geen voorstelling van kunnen maken. Alles onder ogen zien betekent ons eigen oneindige potentieel onder ogen zien. Meestal zijn wij niet bereid om dat te doen. Wij zijn niet bereid om de wezenlijk bevrijdende implicaties van ons eigen potentieel onder ogen te zien, omdat wij eenvoudig niet bereid zijn om iets te accepteren wat ons denken niet kan begrijpen. Het onvermijdelijke resultaat van leven in ontkenning van onze duisternis en vol angst voor de overweldigende schittering van onze eigen, niet onderzochte glorie, kan alleen maar middelmatigheid zijn.

Waarom kost het ons zoveel moeite om dingen helder waar te nemen? Waarom maken wij bij herhaling zulke belangrijke fouten? Het antwoord is eenvoudig. Als wij geen aandacht hebben, kunnen wij niet helder zien. En als wij niet helder zien, doen wij niet de juiste dingen. Maar als wij boven alles vrij willen zijn, zullen wij zeer aandachtig zijn. Kijk, om het juiste te kunnen doen zullen wij het totale plaatje willen zien, hetgeen de ware en juiste verhouding der dingen is. Wanneer wij belangrijke fouten maken, wanneer wij bij voortduring de verkeerde dingen doen, betekent dat eenvoudig dat wij geen werkelijke aandacht hebben gehad. En de enige reden waarom wij geen werkelijke aandacht hebben, is dat wij niet boven alles vrij willen zijn.

Als je dit heel goed begrijpt, kun je de mysterieuze vraag hoe je de spirituele ervaring in praktijk kunt brengen, kunt *leven*, gemakkelijk begrijpen. Geloof het of niet, het derde principe is letterlijk het middel om jezelf volkomen te bevrijden. Maar je zult dit zelf moeten gaan inzien. Dan zal het pad zich in al zijn glorie voor je eigen ogen onthullen. Wanneer dat gebeurt, zul je zonder enige twijfel weten dat je in dit leven vrij kunt zijn als je bereid bent de prijs ervoor te betalen.

Het vierde principe

De waarheid van onpersoonlijkheid

Het vierde principe is *De waarheid van onpersoonlijkheid*. Dit principe stelt dat ieder aspect van onze persoonlijke ervaring een *volkomen onpersoonlijke aangelegenheid* is.

De leer van de onpersoonlijkheid toont ons de in wezen onpersoonlijke aard van iedere menselijke ervaring en kan ieder mens die boven alles vrij wenst te zijn een zeldzame mate van objectiviteit verschaffen met betrekking tot het altijd verwarrende strijdtoneel van de persoonlijke ervaring. Omdat wij ons juist op het gebied van onze ervaringen zo snel verliezen, is het van essentieel belang dat wij, willen we vrij zijn, een manier vinden om onze persoonlijke ervaringen te begrijpen vanuit een perspectief dat van zichzelf objectief is. Wat het voor een mens mogelijk maakt om zelf de bevrijdende helderheid te ervaren van objectiviteit met betrekking tot alles wat persoonlijk is, is de directe waarneming van de ten diepste onpersoonlijke aard van alle menselijke ervaring.

Ik denk dat wij kunnen zeggen dat het voor ons uiterst moeilijk is, zo niet onmogelijk, om ons ook maar in de geringste mate bewust te zijn van de onpersoonlijke aard van onze eigen ervaringen – tenzij wij oprecht vrij willen zijn. *De waarheid van onpersoonlijkheid* stelt dat de menselijke ervaring nooit alleen maar van jou, van mij of van iemand anders kan zijn. En het woord *onpersoonlijk* wijst op het feit dat alle menselijke ervaringen in wezen één zijn en dat de ware aard van die ervaringen niet persoonlijk is.

Iedereen ervaart op een gegeven moment angst. Wanneer je angst ervaart, wanneer ik angst ervaar, wanneer iemand anders angst ervaart, dan is wat er gevoeld wordt precies hetzelfde. Als je mijn lichaam kon binnengaan op het moment dat ik angst voel, of als ik jouw lichaam kon binnengaan op het moment dat jij angst voelt, als wij het lichaam van iedereen konden binnengaan op het moment dat er angst is, dan zouden wij ontdekken dat er absoluut geen verschil is in de *gevoelservaring* zelf. Er kunnen verschillen zijn in de intensiteit waarmee het gevoel ervaren wordt, maar de aanwezigheid van angst, het gevoel van angst zelf, is altijd hetzelfde. *Waar het om gaat, is dat er maar één ervaring van angst bestaat.* Hetzelfde geldt voor het ervaren van seksuele gevoelens. De gevoelservaring van wellust is voor ieder van ons precies hetzelfde. Nogmaals, er kunnen verschillen zijn in intensiteit, maar het elementaire gevoel van die ervaring is voor ons allemaal hetzelfde.

Het gebied van spirituele ervaringen vormt hierop geen uitzondering. Een verlangen naar transcendentie of een verlangen naar Bevrijding is een manifestatie van een *onpersoonlijke* evolutionaire impuls. Veel mensen ervaren de werking van die impuls op verschillende momenten in hun leven. Het ontwaken in het individu van het verlangen naar transcendentie is een uiting van de evolutionaire impuls binnen het ras als geheel. De werking van deze impuls is niet uniek, dat wil zeggen dat wanneer één individu dit verlangen ervaart, het op gevoelsniveau niet verschilt van de ervaring van iemand anders die eveneens de werking van deze impuls voelt. Nogmaals, er kunnen grote verschillen bestaan in de intensiteit ervan, maar de gevoelservaring zelf is precies dezelfde.

Zoals ik in de voorgaande hoofdstukken al zei, bestaat er een enorm grote kracht die is opgewekt door een blinde, dwangmatige drijfveer om onszelf te zien als afgescheiden. Deze drijfveer is het ego. De belangrijkste component van deze drijfveer is de behoefte om onze persoonlijke ervaring op te vatten als *anders, uniek en speciaal*. Als wij steeds opnieuw op ervaringsniveau de onpersoonlijke aard van al onze gevoelservaringen herkennen, wordt het steeds moeilijker om te blijven geloven dat onze eigen ervaringen werkelijk zo uniek of anders zijn, zoals wij ons altijd hebben voorgesteld. In feite kan in die herkenning het mechanisme van het ego worden gezien voor wat het is. Eenvoudig gezegd: *de behoefte aan verpersoonlijking is het ego*. En wanneer de behoefte aan verpersoonlijking wegvalt, wordt het ego vernietigd.

Het is niet gemakkelijk om een eind te maken aan de persoonlijke relatie met onze eigen ervaringen; de implicaties ervan zijn te radicaal. Van een zeer persoonlijke relatie met onze ervaringen komen tot een relatie die uitermate onpersoonlijk is, is een enorm grote stap. Om deze grote uitdaging feitelijk aan te gaan, dienen wij bereid te zijn om te sterven aan de dingen zoals ze waren. Dat is de enige manier waarop wij uiteindelijk de illusie van het persoonlijke, de illusie dat wij unieke individuen zijn, kunnen doorbreken. Wij leven echter in een wereld waarin wij dermate omgeven worden door het idee dat wij uniek zijn, dat het een uiterst heroïsche opdracht is om zelfs maar te denken aan wat het betekent om dat op te geven. Alleen wanneer wij de moed hebben om de onpersoonlijke aard van *ieder aspect* van onze persoonlijke ervaring rechtstreeks waar te nemen, kan er werkelijk iets gaan veranderen. Waarom? Omdat wij dan de grootste illusie doorzien die er bestaat.

Het is de aanwezigheid of afwezigheid van het ego die bepaalt hoe wij ons verhouden tot onze ervaringen. Wij kunnen bijvoorbeeld een indringende spirituele ervaring hebben, maar vanwege onze dwangmatige neiging om dingen persoonlijk op te vatten wordt onze *waarneming* van die ervaring vervormd. De gewoonte om dingen persoonlijk op te vatten vervormt de waarneming van bijna alles wat wij ervaren en deze gewoonte is het gevolg van de voortdurende behoefte van het ego om zichzelf op een bepaalde manier waar te nemen. Een verlichte geest kent echter waarnemingen die niet vervormd zijn, *omdat hij bevrijd is van het persoonlijke.*

Een heldere waarneming, een waarneming die vrij is van de vervormende invloed van het persoonlijke, kan niet ontstaan zolang wij onszelf blijven zien als uniek. Alleen het individu dat echt vrij wil zijn, kent de verzaking die voor de menselijke geest nodig is om bevrijd te worden van de aantrekkingskracht van het ego. Om die uitzonderlijke geesteskwaliteit rechtstreeks te ervaren, moet iedere gehechtheid aan het persoonlijke worden weggebrand in het vuur der verzaking, dat het hartstochtelijke verlangen naar Bevrijding is. Dat vuur moet branden, totdat er geen enkele neiging meer is om onszelf af te bakenen door middel van de gewoonte om dat wat nooit persoonlijk is geweest, persoonlijk op te vatten.

Voortdurende overdenking van de onpersoonlijke aard van iedere persoonlijke ervaring vergt een enorme karaktervastheid en een tomeloze hartstocht voor Bevrijding. Zonder die hartstocht houdt de intensiteit van de belangstelling die nodig is om de illusie van het persoonlijke te doorzien geen stand. Zeer weinigen slagen erin om zichzelf te bevrijden van de overweldigende verleiding die door de illusie van het persoonlijke gecreëerd wordt. Om de overwinning te behalen moeten wij voldoende kracht hebben om alleen te staan in onze ervaring, zonder die persoonlijk te maken. Om onszelf te bevrijden van onwetendheid en misleiding moeten wij op een punt komen waarop wij in staat zijn om rechtstreeks de onpersoonlijke aard van ieder aspect van onze persoonlijke ervaring waar te nemen.

Velen nemen abusievelijk aan dat een onpersoonlijk perspectief kil is en verstoken van menselijke eigenschappen. Niets is echter minder waar; onpersoonlijk betekent niet onmenselijk. Onpersoonlijk betekent vrij van de vervorming die eigen is aan het persoonlijke en die altijd ontstaat als gevolg van het persoonlijke. Nogmaals, het ego is de gewoonte om ervaringen als persoonlijk op te vatten en zijn eigenlijke beweegreden is zichzelf te zien als afgescheiden, altijd, overal en onder alle omstandigheden. Deze afscheiding is in wezen destructief, omdat zij altijd tegengesteld is aan de bewuste realisatie van ons ware Zelf.

Door de bereidheid om deze zeer persoonlijke relatie met eigen ervaringen onvoorwaardelijk op te geven, krijgt het ware Zelf de gelegenheid om zich vrij te manifesteren als *onszelf*. Het is noodzakelijk om het feit te erkennen dat het ware Zelf *nooit persoonlijk of uniek kan zijn*. De mate waarin wij in staat zijn om afstand te doen van de behoefte om onze ervaringen te beschouwen als persoonlijk of uniek is de mate waarin het ware Zelf zich zal manifesteren.

Pas wanneer het ware Zelf in staat is om zichzelf *vrij* tot uitdrukking te brengen, zal de diepte van ons menszijn zich in al haar volheid en glorie onthullen. In het individu dat zich van de vervorming van het persoonlijke bevrijd heeft, kan die onpersoonlijke diepte onmiddellijk herkend worden als een volmaakte spontaniteit, een overweldigende hartstocht en een onbevreesde helderheid.

Voor het ontwikkelen van de tegenwoordigheid van geest die noodzakelijk is om de wezenlijk onpersoonlijke aard van alle menselijke ervaringen te herkennen, zijn een diepe en aanhoudende introspectie, contemplatie en meditatie noodzakelijk. Als die bereikt zijn, kan iemand die oprecht is alle obstakels voor een heldere waarneming uit de weg ruimen. Dit dienen wij alleen uit te voeren; wij kunnen dit alleen voor onszelf doen. En alleen als wij bovenal vrij willen zijn, zal onze belangstelling zo integer zijn, dat wij onszelf bevrijden kunnen van de dodelijke illusie die het gevolg is van onze gehechtheid aan het persoonlijke.

Het vijfde principe

Ter wille van het geheel

Het eerste principe, *Een heldere intentie*, leert ons dat het, als wij werkelijk vooruitgang willen boeken in het spirituele leven, van wezenlijk belang is dat wij de intentie om vrij te zijn in zo'n hoge mate cultiveren, dat onze eigen Verlichting voor ons belangrijker wordt dan wat dan ook in deze wereld. Het vijfde principe leert ons echter iets geheel anders. Het leert ons dat bevrijd willen worden alleen ter wille van onszelf, egoïstisch is. Het vijfde principe leert ons dat het van het grootste belang is dat onze hartstocht voor Bevrijding niet alleen ter wille van onszelf bestaat, maar *ter wille van het geheel*. Ter wille van het geheel betekent: Bevrijding niet voor onszelf, maar voor alle anderen.

De meeste zoekers hebben alleen belangstelling voor Verlichting ter wille van zichzelf, voor louter *persoonlijke* Bevrijding. Het is zo dat, wanneer wij aan een spiritueel leven beginnen, ons eigen geluk, onze persoonlijke ervaring van bewustzijnsverruiming en onze eigen Verlichting voor ons het belangrijkste zijn. Maar voor sommige zoekers komt er een moment waarop zij gaan zien dat spirituele ervaringen niet alleen bestaan voor hun eigen welzijn. In het diepgaand onderzoek van hun spirituele ervaring ontdekken zij iets heiligs. Zij ontdekken een verplichting die hun letterlijk opdraagt om niet louter en alleen voor zichzelf te leven, maar ter wille van het geheel. Door die verplichting wordt niet alleen duidelijk dat dit leven in persoonlijke zin op geen enkele manier aan ons toebehoort, maar wordt eveneens duidelijk dat werkelijke Bevrijding alleen gevonden kan worden wanneer dit leven niet geleefd wordt voor ons eigen geluk, maar ten dienste van een zaak die groter is dan wij.

Het vijfde principe maakt duidelijk dat een integer spiritueel leven inhoudt dat er een eind komt aan leven louter voor onszelf. Persoonlijke Bevrijding, zo leert dit principe ons, is niet de belangrijkste gebeurtenis in het spirituele leven. Het vijfde principe zegt in feite dat het hele doel van de spirituele ervaring uiteindelijk de eenvoudige maar allesomvattende erkenning is van het feit dat de betekenis en waarde van het menselijk leven nooit gevonden kunnen worden in het hebben of ontvangen voor onszelf, maar alleen in *geven*. De ervaring van een levend wezen te zijn krijgt pas betekenis, *absolute en volmaakte betekenis*, als er over deze kwestie niet de geringste twijfel meer bestaat.

Maar slechts enkele zoekers bereiken dit punt, omdat de meesten alleen maar streven naar een manier om gelukkig te zijn. Zij willen een manier om een eind te maken aan hun eigen lijden. Zij willen *persoonlijk* in staat zijn om een permanente toestand van vrede, vreugde en gelukzaligheid te ervaren. En zij hopen dat de ervaring van gelukzaligheid hen in staat zal stellen zich boven alle lijden te verheffen.

Het vijfde principe, *ter wille van het geheel*, spreekt de zoeker aan op deze egocentrische houding en vraagt van hem of haar om heel diep in te gaan op de vraag: *waar draait het in het leven werkelijk om?* Bestaat deze gebeurtenis, deze ervaring van belichaamd bewustzijn, louter en alleen voor onszelf? Zijn wij hier alleen om te hebben en te ontvangen? Proberen wij als zoekers van Verlichting – zoekers van vrede, helderheid en eenvoud van zijn – alleen iets te ontvangen voor onszelf? Of is er eigenlijk een dieper inzicht in het leven en in de betekenis van de spirituele ervaring mogelijk, die ons uiteindelijk bevrijdt van deze gerichtheid op onszelf?

Het vijfde principe leert ons dat er iets is dat nog belangrijker is dan onze eigen Verlichting, namelijk de bewuste erkenning van een diep gevoel van verplichting. Uit de erkenning van die verplichting komt een mysterieus en hartstochtelijk gevoel van zorg voor het geheel voort. En deze hartstochtelijke zorg omvat meer dan alles wat wij met het woord 'persoonlijk' zouden kunnen aanduiden. De aard ervan is namelijk onpersoonlijk en de intensiteit ervan overvleugelt al het persoonlijke in ons. Deze hartstocht wenst orde waar wanorde heerst, heelheid waar verdeeldheid is en liefde waar haat leeft.

Het ego kan waardering opbrengen voor de eerste vier principes; het vindt ze volkomen redelijk. Maar over het vijfde principe zegt het ego: 'Nu is het *genoeg*! Hier haak ik af!' Het ego haat het vijfde principe, omdat het in dit principe op een ondubbelzinnige manier herkent dat in die hartstochtelijke, onpersoonlijke zorg voor het geheel absoluut niets te winnen is en alles te verliezen.

Het vijfde principe leert ons om onze eigen Bevrijding nooit los te zien van de Bevrijding van alle andere mensen. '*Houd op met alleen voor jezelf te leven,*' zegt het, '*bevrijd jezelf, ter wille van het geheel, van alle bezorgdheid om jezelf.*' Wanneer je in je eigen evolutie op het punt komt waarop je erkent dat er niets zinvols meer te doen is dan met volle overgave je eigen leven te geven, zodat het geleefd kan worden ter wille van het geheel, dan *is* Bevrijding het resultaat. Maar op dat punt is dit niet meer het belangrijkste. Bevrijding, *persoonlijke* Bevrijding, zal het automatische resultaat zijn van niet meer leven voor jezelf. Binnen de context van het vijfde principe is dat echter niet meer de belangrijkste gebeurtenis.

Voor heel veel mensen levert de omgang met het leven dat ze leiden grote problemen op. Het lijkt wel of wij eindeloos blijven proberen om eraan te ontsnappen. Wij voelen ons niet prettig in het lichaam dat wij hebben, niet op ons gemak met onze herinneringen en wij liggen voortdurend overhoop met de bewegingen van onze eigen gedachten en emoties. Vandaar dat wij voortdurend proberen om het verleden te boven te komen, het heden te veranderen en de toekomst onder controle te krijgen. En daarom streven wij naar Verlichting – wij snakken ernaar van onze last bevrijd te worden.

Wanneer wij ophouden met voor onszelf te leven, ervaren wij inderdaad een bevrijding, maar niet van een soort waarop wij gerekend hadden, want wanneer wij ophouden alleen voor onszelf te leven, nemen wij een grote last op onze schouders. En die last is de evolutie van het geheel. Het individu dat die last volledig op zich neemt, wordt onmiddellijk bevrijd van de druk van het persoonlijke en is tegelijkertijd in staat om beschikbaar te zijn, om te reageren en om te geven op een manier die daarvoor ondenkbaar was.

Wanneer het voor jou geen zin meer heeft om louter voor jezelf te leven, gebeurt er iets mysterieus, iets dat uitermate bevrijdend is. Je gaat ontdekken dat dit leven – jouw eigen leven, met jouw herinneringen, jouw lichaam, jouw gedachten en jouw emoties – plotseling *volslagen* zinnig wordt. Je zult de 'jij' die je nu bent, herkennen als volmaakt *zoals je bent*. Het zal je duidelijk worden dat je precies op de juiste plaats bent, op de juiste tijd en om de juiste redenen, en dat je het juiste doet – *precies zoals je bent*.

Er ontstaat een heel sterk gevoel van thuis zijn, van verbondenheid met je leven, iets dat onbegrijpelijk is, maar toch volkomen normaal. Met 'thuis' bedoel ik de plaats waar jij – de persoonlijke *jij*, met het lichaam, het geheugen en het verstand dat je nu hebt – en het *leven*, het ABSOLUTE LEVEN, samenvallen en één worden. Plotseling valt alles op z'n plaats. Jij bent precies waar je je moet bevinden, precies zoals je nu bent en altijd geweest bent – precies de persoon die je altijd hebt willen ontvluchten.

Hoe meer je om anderen geeft en hoe minder je om jezelf geeft, hoe helderder deze ervaring van thuis zijn zal worden. Wanneer je zorg meer begint uit te gaan naar het grote geheel dan naar jezelf, zullen al je problemen verdwijnen. Alles wat je meende te moeten overwinnen om een beter mens te worden, zal plotseling onbelangrijk en zelfs niet ter zake doende lijken. Alle ervaringen die je dacht te moeten hebben om je compleet te voelen, zullen leeg en oppervlakkig lijken. Wanneer je alles wat je hebt en alles wat je bent, geeft aan alle anderen, zal er niets voor jou overblijven. En dat *niets* dat overblijft *is* jouw bevrijding. Wanneer je alles geeft, ben je niet meer gescheiden van de bron van het leven zelf.

In den beginne was er *niets*. Toen, ogenschijnlijk zonder enige reden, werd uit niets plotseling *iets* geboren. Vanuit zuivere leegte ontstond het hele universum van het leven. Op dat moment was er een groot 'JA!' Het onbegrensde bewustzijn dat zich belichaamd heeft als *jij* is hetzelfde *iets*, hetzelfde 'JA!' dat voortdurend uit niets ontstaat. Als je werkelijk vrij wilt zijn, moet je begrijpen dat vanuit dit onmetelijke perspectief het egobewustzijn en de belangstelling voor jezelf – *ook de belangstelling voor je eigen Bevrijding* – een uiting zijn van de fundamentele ontkenning van wie en wat je *reeds bent*.

Wanneer je ophoudt met leven alleen voor jezelf, wanneer je alles wat je hebt en bent *ter wille van het geheel* geeft, dan betekent dat het einde – het einde van het wordingsproces, het einde van het hebben van problemen die je overwinnen moet. Het betekent zelfs het einde van het streven naar Verlichting. Het betekent het einde van al die dingen en het begin van een onvoorwaardelijke respons op het leven, een 'JA!' dat alleen maar geeft.

Wanneer je ophoudt met voor jezelf iets terug te willen, zul je merken dat je ondergedompeld wordt in een oneindige openbaring van volmaakte Bevrijding, hier en nu – je bent voor eeuwig en altijd wie je al bent.

Begeerte, het eeuwige obstakel

De belofte van volmaaktheid

De belofte van volmaaktheid

Illusie

Spirituele leraren vertellen ons dikwijls met stelligheid dat wat wij zien niet werkelijk bestaat. Wanneer ze deze toestand uiteenzetten, benadrukken ze dat veel van wat wij zien een illusie is. Het kan heel moeilijk zijn om dit te begrijpen. Het is natuurlijk ook verwarrend als ons verteld wordt dat wij de dingen niet helder waarnemen, dat wij ze niet zien zoals ze zijn. Wat betekent het nu eigenlijk als spirituele leraren ons vertellen dat de dingen die wij waarnemen in werkelijkheid doorgaans niet zijn zoals ze zich aan ons voordoen?

Als iets bedrieglijk is, betekent dat dat het niet bestaat. Het betekent dat hetgeen wij waarnemen buiten ons denken en onze zintuiglijke ervaringen, geen onafhankelijk, zelfstandig bestaan heeft. Het betekent dus dat wat wij ervaren iets is dat wij in ons eigen denken en in onze zintuigen creëren, om het vervolgens te projecteren op de wereld om ons heen. De meesten van ons, ook al dringt het zelden tot ons door, leven een groot deel van hun leven voornamelijk in de ban van en afgeleid door psychologische en zintuiglijke percepties die geen objectieve realiteit bezitten.

Wat schept deze welhaast volmaakte continuïteit van illusies, deze onwerkelijke stroom van gedachten en zintuiglijke waarnemingen? Het is het nimmer aflatende verlangen, dat eindeloze snakken, naar persoonlijke voldoening.

Verlangen

In deze wereld, de wereld van het ego, de wereld van het afgescheiden zelf, zijn het juist verlangens – verlangens naar dit, verlangens naar dat – die zorgen voor zoveel opwinding, verwachtingen en intense begeerte. Het is belangrijk om je bewust te zijn van het feit dat wij, wanneer wij naar iets of iemand verlangen, onszelf ervaren als uitermate levendig, want wij voelen dan contact met onze innerlijke drijfveer om te *hebben*. Deze drijfveer om te hebben – 'ik wil dit voor *mij*, voor *mezelf*' – wordt door het ego als positief opgevat. Onze gedachten gaan uit naar dat wat wij willen hebben – een nieuw huis, een nieuwe auto – dat *windt ons op*. En het is die opwinding die onze waarneming vervormt.

Het is niet moeilijk om het belang van wat ik zeg zelf in te zien als je kijkt naar wat het betekent om te verlangen naar een ander mens. Wanneer wij die ander intens begeren, dan is de betekenis van die persoon in ons verlangen oneindig veel groter dan in werkelijkheid het geval is. Wanneer wij verliefd worden, dan brengt de aanwezigheid van die ander ons in vervoering. Alleen al kijken naar die persoon heeft een hypnotiserende uitwerking op ons. Maar als wij hem of haar intiem leren kennen, ontdekken wij dat het erg moeilijk is om dat niveau van vervoering in stand te houden. Wij vinden die persoon nog steeds aantrekkelijk, wij voelen nog steeds genegenheid, maar dat *speciale* iets, dat magische, dat is verdwenen.

Als wij besluiten om een nieuwe auto te kopen, dan merken we dat we daar heel vaak aan denken. Als wij de auto zien, dan voelen wij verrukking. Alleen al ernaar kijken geeft ons het gevoel speciaal te zijn. En wanneer wij uitkijken naar het ogenblik dat we hem daadwerkelijk zullen bezitten, voelen we nog meer opwinding.

Ik probeer duidelijk te maken hoe het komt dat bepaalde voorwerpen, als ze in het bewustzijn verschijnen, gemakkelijk meer kunnen lijken dan ze in werkelijkheid zijn. Juist omdat zowel de auto als de persoon die wij zo graag willen bezitten voorwerpen van begeerte zijn, zien wij iets extra's, zien wij *meer* dan er is. En dat *meer* dat wij zien, heeft weinig te maken met het voorwerp zelf. Het meer dat wij zien, is afkomstig van ons eigen denken, van onze verbeelding. Wat wij ons inbeelden, voegen wij toe aan het plaatje. En wat wij eraan toevoegen, doet onze zenuwen dansen en ons hart sneller kloppen.

Wij kunnen jarenlang langs de etalage lopen waar die nieuwe auto tentoongesteld staat. Maar dan, op een dag, is het raak. Er gebeurt iets. Plotseling merken wij dat wij die auto anders bekijken. Eerder zagen wij die auto niet, maar nu is er iets in ons veranderd en daarom is die ene auto voor ons *heel speciaal* geworden. Met mensen werkt het precies zo. Je kunt een bepaalde persoon iedere dag zien en dan opeens, in een oogwenk, kan er iets veranderen. Het is nog steeds dezelfde persoon, maar nu is alles veranderd. Het is onthullend om te zien dat de ervaring met de auto en die met de persoon naar wie wij verlangen vanuit een bepaald gezichtspunt helemaal niet zo verschillend zijn.

Zoals ik zei, een illusie betekent dat wij iets in ons denken en onze zintuigen ervaren dat in werkelijkheid niet bestaat. Wij creëren het. Wij zien de auto niet voor wat hij werkelijk is. Wij zien de ander niet zoals hij of zij in werkelijkheid is. Wat wij zien, is onze eigen verbeelding, aangewakkerd door de kracht van onze begeerte.

De belofte van volmaaktheid

Wanneer die magische gebeurtenis plaatsvindt, wanneer de auto niet meer gewoon een auto is, maar 'de auto *die ik wil*', en wanneer degene naar wie wij verlangen niet degene is die hij of zij is, maar 'de persoon *die ik wil*', dan heeft op dat moment en op alle momenten die daarop volgen een heel belangrijk deel van wat wij ervaren niets meer te maken met het object zelf. Wat wij ervaren is de kracht van onze begeerte die de illusie van volmaaktheid kan scheppen. Wanneer je die auto wilt, wanneer je die auto echt hebben wilt, maar je hebt hem niet en je kunt alleen maar voor de etalage staan en ernaar kijken, dan is het niet gewoon een leuke auto; iets aan die auto is *onweerstaanbaar*. In dat onweerstaanbare ligt een belofte, de belofte van volmaaktheid, de belofte van een volkomen vervulling. Als het object van onze begeerte een mens is, is de ervaring precies hetzelfde.

Wat zo boeiend is aan het soort ervaringen dat ik zojuist beschreven heb, is niet het *hebben* van de auto of de persoon, want als wij uiteindelijk het object van onze begeerte bezitten, ervaren wij meestal een proces van geleidelijke of zelfs onmiddellijke teleurstelling. Het punt is dat het meest aangrijpende onderdeel van het hele proces *het verlangen zelf* is.

Nogmaals, het ego vat verlangens altijd op als iets positiefs. Daarom is het ook zo'n schok als wij tot de letterlijk verlichtende erkenning komen dat onze gelukkigste momenten, de momenten van diepe vrede en werkelijk geluk, de momenten zijn waarop wij *niets* wensen. Als wij werkelijk gelukkig willen zijn, dan moeten wij daarom beginnen met te onderzoeken hoe wij ons eigenlijk verhouden tot die belofte van volmaaktheid.

De uitdaging

Helder zien, dingen zien zoals ze zijn, vrij van illusies, dat is het doel van het spirituele leven. Het is niet zo moeilijk om af en toe inzichten te hebben. Voor spirituele zoekers is het zelfs niet ongewoon om een transcendente ervaring te hebben als ze dat werkelijk willen. Maar helder zien, dingen zien zoals ze werkelijk zijn, is een heel ander verhaal. Alleen het zeldzame individu dat werkelijk vrij wil zijn, meer dan wat dan ook, en die de waarheid wil kennen, meer dan wat dan ook, beschikt over het onderscheidingsvermogen dat noodzakelijk is om het onwerkelijke te doorzien. Want zonder de hartstocht voor Bevrijding zullen wij onvermijdelijk te veel belangstelling hebben voor de ons altijd in vervoering brengende ervaring van verlangen. *Wat wij niet willen is 'niet willen'*. Daar ligt het probleem.

Veel mensen zeggen dat ze gelukkig willen zijn, maar dat kan nooit kloppen. Waarom niet? Omdat je voor het ervaren van werkelijk geluk bereid moet zijn om afstand te doen van je verlangens. *Alleen wanneer ons verlangen wegvalt, kunnen wij de volheid gaan ervaren die er altijd is*. Je kunt een heel intelligent persoon zijn en jezelf toch helemaal verliezen in de verrukking van het verlangen naar iets. Waar het om draait, is dat wij, zolang wij onszelf als gehypnotiseerd laten afleiden door die verrukking, nooit in staat zullen zijn om dingen helder te zien, om dingen te zien zoals ze in werkelijkheid zijn.

Er zijn momenten waarop het van groot belang is dat wij helder kunnen zien, vooral die momenten waarop wij onze begeerte het sterkst voelen. Dat zijn de belangrijkste momenten, want als wij ergens hevig naar verlangen, dan zijn wij soms bereid om alles te doen om het te krijgen. Dan zijn wij mogelijk zelfs in staat om onszelf en anderen te misleiden, alleen om het object van onze begeerte te kunnen bemachtigen. Op die momenten kan het verlangen zo dwingend zijn en ons zo heftig aangrijpen, dat wij er geen enkele weerstand aan kunnen bieden. Zullen wij dan, blootgesteld aan die intensiteit, in staat zijn om onze situatie te doorzien?

Onze fundamentele relatie met het leven

Als wij in staat willen zijn om helder te zien, moeten wij bereid zijn om naar onze fundamentele relatie met het leven te kijken. Als wij dat doen, zullen wij de allesdoordringende aard van verlangens ontdekken. Wij zullen zien dat bijna alles wat wij doen ingegeven wordt door persoonlijke verlangens. Dit *ik wil voor mijzelf* treedt iedere dag op duizenden openlijke en subtiele manieren aan het licht – wanneer wij ergens naar kijken, wanneer wij omkijken, wanneer wij onze hand ergens naar uitstrekken. Alleen wanneer wij de beweging van dit dwangmatig verlangen rechtstreeks waarnemen, kunnen wij het gaan herkennen voor wat het werkelijk is: een nimmer eindigend proces van pijn en lijden. En naarmate wij ons meer bewust worden van dit lijden, dat eigen is aan ons verlangen, zal de manier waarop wij onze ervaringen interpreteren gaan veranderen. Er zal in ons een grote diepgang en een uitzonderlijke helderheid ontwaken, en dat ontwaken zal samengaan met de herkenning van het ware gezicht van verlangens.

Als wij dus helder willen zien, moeten wij naar onze fundamentele relatie met het leven kijken. Wij moeten bereid zijn te aanvaarden dat die relatie in feite, voor de meesten van ons, gebaseerd is op een zeer hebzuchtig en zelfzuchtig verlangen. Als we de moed hebben dit ten volle te ervaren, zal er een deur opengaan naar een andere mogelijkheid, naar een andere manier van zijn. Het directe resultaat hiervan zal zijn dat wij steeds opnieuw de altijd verlichtende ontdekking doen dat wij alleen dan werkelijk geluk zullen vinden wanneer wij *absoluut niets* verlangen.

De pijn van verlangen schept een bijna voortdurende ervaring van spanning. Diepe vrede en fundamentele gezondheid van geest zijn alleen te vinden als aan die spanning een einde komt. Het verlangen en alle spanning die ermee gepaard gaan, die wij eerst als genot ervoeren, herkennen wij nu als pijn. Die herkenning heeft een buitengewoon grote betekenis, want het betekent het begin van een volstrekt andere relatie met het leven. Dat is het eerste teken van ontwaken.

De psychologie van Bevrijding

Een onvoorwaardelijke relatie met het leven

Wat is de allerhoogste waarheid?

Een onvoorwaardelijke relatie met het leven

Spirituele ervaringen, hoe diepgaand ze ook zijn, leiden op zich gewoonlijk niet tot een blijvende verlichting of diepgaande transformatie van onze relatie met de drie fundamentele en tegelijk meest verwarrende aspecten van onze menselijke ervaring: de beweging van tijd, het ontstaan van denken en de aanwezigheid van gevoelens.

Onze altijd geconditioneerde en uiterst dwangmatige relatie met deze drie fundamentele componenten van onze ervaring schept die pijnlijke gevangenis van de illusie: het ego.

Als wij ons van het eindeloze gevoel van isolement en afscheiding ten gevolge van deze illusie bevrijden willen, is het van essentieel belang om te overdenken hoe wij omgaan met de beweging van tijd, het ontstaan van denken en de aanwezigheid van gevoelens. Indien wij deze overdenking serieus en met toewijding op ons nemen, kunnen wij tot het diepe inzicht komen dat ik *een onvoorwaardelijke relatie met het leven* noem – in feite is dat de verlichte relatie met tijd, denken en voelen. Zonder een onvoorwaardelijke relatie met het leven is de eindzege over de overweldigende kracht waarmee het ego ons gevangen houdt in illusies en leugens niet haalbaar.

Tijd

De eerste component van een onvoorwaardelijke relatie met het leven is onze relatie met tijd en met de beweging van tijd.

De meesten van ons zitten hun hele leven gevangen in een soort verstikkende ongewisse toestand, omdat zij, zonder het te beseffen, *altijd wachten*. En dat wachten betekent een ervaring van bijna ononderbroken slavernij. Wij zitten vast in de beweging van tijd, omdat wij in een voortdurende toestand van verwachting leven – wachten, eindeloos wachten tot de toekomst is gearriveerd. Wij leven zo, omdat wij geloven dat ons leven in de toekomst op de een of andere manier beter zal worden dan het nu is.

Wanneer onze relatie met het leven gebaseerd is op wachten, is het voor ons onmogelijk om te ontdekken wat het betekent om werkelijk levend te zijn – welke ervaringen wij in het huidige moment ook hebben, *we zullen altijd blijven wachten*. Er komt zelfs geen eind aan het wachten als wij werkelijk gelukkig zijn, want zonder het te beseffen verwachten wij al het einde van ons geluk. Op precies dezelfde manier wachten wij ook als wij angst en onzekerheid ervaren – wij wachten tot er aan de onplezierige ervaring een eind komt.

In wezen houden wij ons altijd in en daarom zijn wij niet bereid om werkelijk te geven, niet in staat om te vertrouwen en slechts bij uitzondering bereid om ten volle aan het leven deel te nemen. Als wij werkelijk diep naar binnen zouden kijken, dan zouden wij alleen maar 'wachten' zien – wachten tot de dingen veranderen, wachten totdat wij kunnen gaan loslaten. Wachten is de nooit eindigende tussentijd waarin ons hele leven zich afspeelt.

Maar er is een uitweg en dat is een onvoorwaardelijke relatie met tijd. Een onvoorwaardelijke relatie met tijd is een relatie waarin wij zijn *opgehouden te wachten*.

Als wij werkelijk vrij willen zijn, gewoon omdat wij oprecht nadenken wat een onvoorwaardelijke relatie met de tijd wil zeggen, dan kunnen wij onszelf bevrijden uit de gevangenis van het wachten, de gevangenis waarin wij verkiezen ons leven te slijten. Kijk, in die overdenking wordt al snel duidelijk dat er niets is om op te wachten. In feite *bestaat er maar één moment*, en dat moment is altijd nu en kan altijd alleen maar nu zijn, dit ene moment. Wanneer wij dit voor onszelf ontdekken, zullen wij zonder enige twijfel begrijpen dat er nooit iets geweest is om op te wachten – zelfs niet de ervaring van ontdekken dat er nooit iets geweest is om op te wachten! Wanneer wij dit helder zien, *houden wij eenvoudig op met wachten*. En wanneer wij ophouden met wachten, verandert alles.

Een onvoorwaardelijke relatie met de tijd is een relatie waarin wij *absoluut niet meer wachten* totdat er iets gebeurt, voordat wij volledig kunnen *zijn*.

Het denken

De tweede component van een onvoorwaardelijke relatie met het leven is onze relatie met het denken en met het ontstaan van het denken.

Als wij vrij willen zijn, is het van essentieel belang dat wij een vraagteken gaan zetten bij de fundamentele overtuigingen waarop onze relatie met het denken gebaseerd is. Zoals wij uiteindelijk voor onszelf zullen gaan ontdekken, hangt ons potentieel voor Bevrijding ten slotte geheel en al af van het soort relatie dat wij hebben met het denken.

De primaire overtuiging waarop onwetendheid en de niet-verlichte staat gebaseerd zijn, is de nimmer in twijfel getrokken aanname dat het *denken* het *zelf* is. Voor diegenen onder ons die in totale onwetendheid leven, is het denken en het ontstaan van het denken, zoals wij dat ervaren, het meest intieme gevoel van wie wij zijn. Maar zoals iedere oprechte zoeker ontdekken zal, is de fundamentele fout die wij maken dat we aannemen dat de inhoud van het denken een eigen werkelijkheid, betekenis en waarde bezit.

Als wij oprecht streven naar Bevrijding van de tirannie van het ego, van de nachtmerrie van het afgescheiden zelfbewustzijn, dan rust die bevrijding op de plotselinge herkenning dat het denken niet het zelf is, dat het denken *slechts* het denken is. Die ontdekking – dat het denken geen andere betekenis heeft dan die welke wij eraan geven – is het essentiële inzicht waarmee de bevrijding van onwetendheid en de verlossing uit onze niet-verlichte zijnstoestand staan of vallen.

Gedachten worden, indien objectief waargenomen, herkend als niet meer dan abstracte representaties van gebeurtenissen uit het verleden – als foto's in een album. Als wij niet langer de fundamentele fout maken te geloven dat het denken werkelijkheid bezit, zal onmiddellijk de waarheid onthuld worden dat wie wij zijn altijd vrij geweest is van en voorafgaat aan het bewustzijn van het denken. Deze fundamentele ontdekking betekent het begin van een radicaal ontwaken uit de eindeloze droom van onwetendheid en de niet-verlichte staat waarvan zoveel van het menselijke leven een uiting is.

Omdat wij hopeloos verdwaald zijn in en wanhopig afgeleid worden door het denken en het ontstaan van het denken, leven wij in de meeste gevallen vervreemd van onze eigen diepte en ervaren wij, als gevolg daarvan, dikwijls een verwarrend gevoel van afgescheiden zijn van de wereld waarin wij leven. Het is van belang om te begrijpen dat de niet-herkende, dwangmatige en mechanische identificatie met het denken geen ruimte in ons bewustzijn laat voor iets anders dan het denken. En het is de nimmer in twijfel getrokken aanname dat het denken het zelf is, die een ononderbroken continuïteit creëert van een pijnlijke illusie, een illusie die in de meeste gevallen letterlijk ons leven bepaalt. In het oprechte zoeken naar bevrijding uit de slavernij van wat onecht is, zal het denken vroeg of laat worden gezien voor wat het in wezen is – volkomen verstoken van iedere intrinsieke betekenis.

Een onvoorwaardelijke relatie met het denken is een relatie waarin wij het inzicht dat het denken niet het zelf is, nimmer vergeten.

Gevoelens

De derde component van een onvoorwaardelijke relatie met het leven is onze relatie met de aanwezigheid van gevoelens.

In het oprechte zoeken naar Bevrijding zal kalme introspectie aan het licht brengen dat het fundamentele perspectief van onze ervaring van het leven bijna altijd op een wezenlijke manier beïnvloed wordt door hoe wij ons voelen. Wanneer wij bijvoorbeeld blijdschap ervaren – in de vorm van vrede, vreugde of gelukzaligheid – dan hebben wij onder invloed van deze opbeurende emoties vertrouwen in het feit dat het leven iets heel positiefs is. In die gelukkige toestand lijkt alles mogelijk. Maar wanneer de invloed van die opbeurende emoties verdwenen is en wij onzekerheid ervaren – in de vorm van angst, woede of wanhoop – dan kunnen wij er gemakkelijk aan gaan twijfelen dat het leven de moeite waard is. In de aanwezigheid van onaangename gevoelens lijkt de mogelijkheid van een radicale transformatie ons niet meer dan een vage fantasie.

Een relatie met onze emotionele ervaringen die niet onvoorwaardelijk is, is een relatie waarin onze fundamentele visie op de ervaring van in leven te zijn voortdurend aan verandering onderhevig is en afhankelijk is van hoe wij ons voelen. Als wij helder willen zien, is het noodzakelijk dat wij gaan observeren welk verband er bestaat tussen onze gemoedstoestand en de manier waarop wij onze ervaringen waarnemen, niet alleen onze innerlijke ervaringen, maar ook onze ervaring van de wereld om ons heen.

Wanneer wij voor onszelf ontdekken in welke mate ons perspectief verandert onder invloed van onze gevoelstoestand, is dat een openbaring. Wij ontdekken dan dat wanneer wij vreugde voelen, er in ons hart een enorme ruimte voor anderen is. Maar wanneer wij angst voelen, is er zelden enige zorg voor iets anders dan ons eigen zelf. Het feit dat we voortdurend in beslag worden genomen door de gevoelsdimensie van onze ervaringen, maakt het ons dikwijls zo moeilijk om helder te zien en verder te kijken dan het louter persoonlijke. Dit is ook de belangrijkste oorzaak van ons onvermogen om consequent *al* onze ervaringen in een heel ruim perspectief te kunnen zien. Zonder het te beseffen laten wij veel conclusies die wij trekken over de aard van de werkelijkheid heel sterk beïnvloeden door hoe wij ons toevallig voelen. Als wij onvoldoende aandacht hebben, zullen wij, erop terugkijkend, ontdekken dat de meeste van die conclusies niet juist zijn.

Alleen als wij boven alles vrij willen zijn, zullen wij een buitengewoon standvastige visie hebben die krachtig genoeg is om een onvoorwaardelijke relatie tot stand te brengen met de onvoorspelbare bewegingen van gevoelens en emoties. Een onvoorwaardelijke relatie met onze gevoelens is geworteld in het verlangen naar vrijheid. Dat ene verlangen stelt degenen die werkelijk oprecht zijn in staat om al hun ervaringen consequent in een heel ruim perspectief te blijven zien. Zij zijn de enkelingen onder ons die in de turbulente wateren van voortdurend veranderende emoties dat perspectief niet zullen verliezen.

Een onvoorwaardelijke relatie met de aanwezigheid van gevoelens is een relatie waarin onze belangstelling voor Bevrijding altijd groter is dan die voor onze emotionele ervaringen.

Wat is de allerhoogste waarheid?

Zonder zich ervan bewust te zijn, zijn de meesten van ons ervan overtuigd dat er in de diepste kern van hun wezen iets helemaal mis is. Het is deze fundamentele overtuiging die ons gevangen houdt in de driedimensionale gevangenis van tijd, denken en gevoel.

Als wij streven naar Bevrijding, als wij verlost willen worden uit die slavernij, dan moeten wij bereid zijn om de geldigheid van die overtuiging in twijfel te trekken, alsof ons leven ervan afhangt – want *dat is het geval*. Uiteindelijk hangt het verschil tussen Verlichting en niet verlicht zijn volledig af van de vraag of wij ons bevrijd hebben van de fundamentele overtuiging dat er iets mis is. Het probleem is echter dat wij ons doorgaans zo sterk vereenzelvigd hebben met deze overtuiging, dat wij haar onmogelijk nog kunnen herkennen. Als dat waar is en wij onszelf echt willen bevrijden van de ketenen van die overtuiging, en van de donkere schaduw die zij over ons hele bestaan werpt, wat staat ons dan te doen?

Wanneer wij onze fundamentele verwarring willen doorzien, is er maar één oplossing: wij moeten bereid zijn om *alles te laten zoals het is*. Wij moeten bereid zijn om alles *onvoor-*

waardelijk te laten zijn wat het is. Wat betekent dat? Het betekent dat wij, als wij voor onszelf willen ontdekken wat de allerhoogste waarheid is, eerst bereid moeten zijn om absoluut alles los te laten – alles wat wij gedacht hebben, alles wat wij gevoeld hebben, alles wat wij verlangd hebben en alles wat wij gevreesd hebben. Als wij dat kunnen – gewoon *alles er laten zijn* – dan zullen wij langzaam maar zeker, op een natuurlijke en moeiteloze manier, naar de bodem zinken van het bestaan zelf. Door alleen maar dat te doen – alles er laten zijn – zullen wij op een punt komen van volkomen stilte, een punt zonder enige beweging. Op dat punt is er vrijheid van tijd en denken, van het verlangen naar genot en van de angst voor pijn. Op dat punt is er alleen maar vrede, volmaakte vrede – en een mysterie dat het verstand te boven gaat.

Wanneer wij toestaan dat alles er op die manier is, dan nemen wij ten opzichte van de dingen die wij ervaren geen positie meer in. Wij rusten. Wij worstelen niet meer om iets te handhaven of om de controle ergens over te behouden. Wij rusten alleen maar, niets anders. Eindelijk leven wij in vrede en zijn wij volkomen vrij van alles wat wij ooit gekend hebben, inclusief de fundamentele overtuiging dat er iets helemaal mis is. Wij hebben de wereld van tegenstellingen en verschillen ver achter ons gelaten, en alleen DAT is er nog.

Als wij alle tegenstellingen overstegen hebben en rusten in de eeuwigheid die aan het verstand voorbijgaat, wat is dan de allerhoogste waarheid? Als wij voorbij zijn gegaan aan de tijd, aan het wordingsproces, en rusten op een plaats die bestond voordat het universum geboren was, dan is er maar één waarheid: *er is nooit iets gebeurd.* In die uitzonderlijke diepte is dat de waarheid. En het is deze fundamentele ontdekking, de ontdekking dat er nooit iets gebeurd is, die Verlichting is.

Wanneer wij dan terugkeren naar de wereld van tijd, denken en gevoel, heeft de kracht van die ontdekking, als ze diep genoeg is geweest, het wonderbaarlijke vermogen om ons volkomen te bevrijden van alle op het verleden gebaseerde belemmerende indrukken die ons bewustzijn heeft opgedaan. Het was onze absolute overtuiging van het belang van die pijnlijke indrukken die de vervreemding van ons eigen diepste Zelf teweeggebracht heeft. En diezelfde overtuiging heeft ons verteld dat er iets fundamenteel mis is. Wanneer deze openbaring genoeg indruk heeft gemaakt op ons bewustzijn – wanneer wij eindelijk thuiskomen in ons ware Zelf – wordt het verleden letterlijk vernietigd.

Wat betekent de bevrijdende ontdekking dat er nooit iets gebeurd is nu voor onze terugkeer naar de wereld? Het betekent dat er *niets mis is!*

Voorbij de tijd, voorbij de wereld van tegenstellingen, daar waar nooit iets gebeurd is, is de allerhoogste waarheid een mysterie. Maar *in* de wereld van tegenstellingen en verschillen, waar voortdurend van alles gebeurt, wat is *daar* de waarheid? Het antwoord op deze uiterst belangrijke vraag hangt af van hoe diep en fundamenteel onze eigen ervaringen geweest zijn. Als onze ervaringen slechts heel oppervlakkig geweest zijn, zonder kennis van die radicale diepte, als wij slechts de wereld van wordingsprocessen gekend hebben en nooit van het tijdloze hebben geproefd, van het mysterie waaruit de wereld van wordingsprocessen voortkomt, dan is het zeer waarschijnlijk dat de waarheid naar ons eigen inzicht gebaseerd zal zijn op de fundamentele overtuiging dat er ergens iets volkomen fout zit. Als wij nooit geproefd hebben van de eeuwige basis die altijd onaangetast blijft door wat er gebeurt, is het enige wat wij uit onze menselijke ervaring kennen een geluk dat vluchtig is en een diepe overtuiging dat het leven in wezen beperkt is. Maar als wij die basis van het bestaan wel gekend hebben, al was het maar voor enkele ogenblikken, dan zullen wij dat nooit meer kunnen vergeten. Die ervaring zal er onvermijdelijk toe leiden dat de diepste overtuiging waarop wij ons leven hebben gebaseerd, luidt: *er is niets mis*. Dit is van groot belang. Of wij ons er nu bewust van zijn of niet, onze diepste overtuigingen omtrent het leven oefenen altijd een zeer belangrijke *positieve* of *negatieve* invloed uit op de manier waarop wij de wereld waarnemen.

Als wij vrij willen zijn en door middel van de kennis van de allerhoogste waarheid naar die vrijheid willen streven, dan moeten wij ons inspannen om te ontdekken welke fundamentele overtuiging de grootste invloed heeft op hoe wij de wereld ervaren. Wij dienen onszelf oprecht af te vragen: is die overtuiging in de kern positief of negatief? En wanneer wij die vraag beantwoord hebben, moeten wij ons afvragen: hoe diep gaat de ervaring waarop die overtuiging gebaseerd is?

Hemel en aarde tezamen

Meditatie is een metafoor van Verlichting

Gevaren op het pad

Bevrijding zonder gezicht

De glorie van God

De oproep van het Absolute

Deze vijf hoofdstukken zijn bedoeld om de werkelijke betekenis en waarde van non-dualiteit aan het licht te brengen. Ze zijn een poging om de uiterst mysterieuze relatie en overeenkomst te onthullen tussen hemel en aarde, tussen Verlichting en de menselijke ervaring.

Meditatie is een metafoor van Verlichting

Wanneer je zit te mediteren, is het van belang om stil te zitten, om geen bewegingen te maken. *Ontspan* je zoveel mogelijk. Voel je op je gemak en wees vrij van spanningen, maar tegelijkertijd *alert*. Concentreer je niet op een bepaald punt. Laat je aandacht ruim, breed en diep worden.

Niet bewegen is een metafoor voor de verlichte staat van zijn. Wie het doel van Bevrijding bereikt heeft, beweegt zich nooit meer, dwaalt nooit meer af. Ook al lijkt het individu te lopen, te praten en op het leven te reageren als ieder ander, innerlijk beweegt hij of zij zich *nooit*. Daarom is het zo belangrijk om stil te zitten, om *helemaal* stil te zijn.

Diepe ontspanning, vrij zijn van de spanningen van het bestaan, vormt de basis van een uitzonderlijke transformatie. Diepe ontspanning is niet louter een aangename toestand om te bereiken, maar is ook de basis van Verlichting.

Het doet er niet toe of er gedachten komen en gaan, het doet er niet toe of er gevoelens komen en gaan, het doet er zelfs niet toe of extase komt en gaat. Het enige wat ertoe doet, is je niet te bewegen, volkomen op je gemak te zijn en helemaal wakker.

Sommige mensen zeggen dat wij ons fysiek niet horen te bewegen als wij mediteren. Anderen zeggen dat onze gedachten niet horen af te dwalen als wij mediteren. Maar het niet bewegen waarover ik het heb, gaat verder dan dat. Het betekent: nooit afdwalen van onze ware natuur.

Als wij aan het spirituele pad begonnen zijn, zullen wij vroeg of laat de bevrijdende ervaring hebben dat wij niets nodig hebben en nergens naar verlangen. Dat is het moment waarop wij ontdekken wat onze ware aard eigenlijk is. Dat is het moment waarop wij diep in het Zelf vallen. Wij vallen dieper en dieper, als in de krater van een vulkaan; wij zinken zo diep weg, dat wij zelfs niet meer denken aan vallen. Wanneer dat gebeurt, is er een onuitsprekelijke dankbaarheid, want dan herkennen we dat er absoluut niets ontbreekt.

De enige manier om te begrijpen wat Verlichting is, is voor jezelf een mysterie te ervaren waarvan je je geen voorstelling kunt maken, een mysterie dat een onpeilbare diepte kent. In die diepte zul je ontdekken wat het betekent om absoluut geen enkel verlangen te hebben. En in die vrijheid van verlangen ligt een vrede die zo diep is, dat het gewoonweg moeilijk is er niet vandaan te gaan. Wanneer ik het heb over je niet bewegen, dan is *dit* wat ik bedoel.

Ervandaan gaan kan allerlei vormen aannemen. Een van die vormen is de diepe, innig gekoesterde overtuiging dat er iets mis is. Bijna niemand ontkomt hieraan. Als er iets mis is, gaan wij op zoek naar een manier om het recht te zetten. Om een oplossing te zoeken verlaten wij onze plek; de handeling van het zoeken naar een oplossing betekent dat wij weggaan van waar wij zijn. Als wij echter de verleiding om dat te doen weerstaan hadden, zouden wij nooit weg zijn gegaan van de plaats waar wij geen enkel verlangen hebben, de plek waar wij ons bevonden voordat er een probleem was dat opgelost moest worden.

Naarmate wij dieper in onszelf kijken, zullen wij het verlangen om weg te gaan beginnen te zien. Wij zullen gaan zien dat dit verlangen de oorspronkelijke impuls is om *iets te worden*, die voor de meeste mensen het enige is wat zij kennen. De impuls om iets te worden is tegengesteld aan de onvoorstelbare volmaaktheid van de vrede die wij gevonden hebben. Onbewust, onderbewust en zelfs bewust rennen wij altijd weg van die plek van volmaakte vrede. Maar waar naartoe? Naar waar wij *denken* dat wij willen zijn.

Als wij dus meditatie willen ervaren, als wij datgene willen kennen wat een antwoord op alle vragen is, maar dat het verstand niet kan bevatten, moeten wij leren de verleiding te weerstaan om weg te gaan van waar wij zijn. De grootste uitdaging voor het individu dat bovenal vrij wil zijn, is niet het ervaren van de waarheid – dat is slechts de plotselinge herkenning dat wij ons thuis nooit verlaten hebben – maar het op heroïsche wijze weerstaan van de verleiding om weg te gaan van de waarheid.

Als wij er niet in slagen om onszelf te bevrijden van de dwangmatige behoefte om weg te gaan – hetgeen het verlangen is om te hebben, om iets te worden – is het onmogelijk om de diepgang waarover ik het heb langer dan voor een enkel ogenblik te ervaren. Een leven dat een uitdrukking van werkelijke Bevrijding is, is niet een leven waarin wij deze diepgang, deze stilte, deze onvoorstelbare volheid slechts één of twee keer ervaren hebben, maar een leven waarin wij daarin permanent verblijven. Tenzij wij, wanneer wij ons naar binnen keren, bereid zijn om op een heldhaftige en onbevreesde wijze de wereld achter ons te laten, is de kans op een radicale transformatie in feite erg klein.

Voor het ego, voor het deel van ons dat alleen maar afgescheiden wil zijn, betekent zich niet bewegen het einde, de dood. Ons niet bewegen brengt ons uiteindelijk naar de fundamentele en mysterieuze plek waar wij waren voordat wij geboren werden, voordat de schepping plaatsvond. En waar het in meditatie om draait, is het ervaren van die plek, het kennen van het onuitsprekelijke mysterie dat onthuld wordt wanneer wij de wereld ver achter ons gelaten hebben, *terwijl wij ten volle geschapen en volkomen menselijk zijn*. Dat betekent dat wij op geen enkele manier de mysterieuze implicaties van deze paradox proberen te vermijden. Wanneer wij het einde van het wordingsproces geproefd hebben, hetgeen een uitzonderlijke ervaring van volmaakte vrede is, ook al is het maar voor een ogenblik, dan verandert ons begrip van wat ons menszijn inhoudt.

Wanneer meditatie diep en indringend is, *dan herkent dat wat gecreëerd is zichzelf als dat wat niet gecreëerd is*. Alleen dan openbaart zich ons eigen potentieel voor Verlichting. Maar als wij onszelf beschouwen als alleen dat wat gecreëerd is, dat wat in een voortdurend proces van wording is, dan zullen wij onbewust blijven van onze eigen onbegrensde diepte. Zolang wij onszelf beschouwen als alleen dat wat in wording is, is het enige wat wij zullen kennen een eeuwigdurende beweging en een eindeloos streven.

Wanneer wij onszelf herkennen als dat wat niet gecreëerd is, komt er echter een eind aan het eeuwige streven. Dan verandert ons perspectief radicaal en wordt het in een oogwenk diep, uitgestrekt en onbegrensd. De radicale transformatie die Verlichting is, treedt op wanneer wij onszelf herkennen als dat wat gecreëerd is en als dat wat niet gecreëerd is, *en ons nooit afwenden van dat besef*. Alleen het kennen van dat wat niet geschapen is te midden van het geschapene maakt het mogelijk om in deze wereld vrij te zijn.

Meditatie kan ons toegang verschaffen tot een rechtstreekse ervaring van dit soort onvoorwaardelijke vrijheid. Meditatie werkt heel eenvoudig, is niet ingewikkeld. De ontdekking en herkenning van dat wat niet gecreëerd is, *gesteund door het afzien van de dwangmatige behoefte om iets te worden*, bevrijden degenen die werkelijk oprecht zijn uit de tirannieke greep van het ego. Dan begint de zuivere, bewuste intelligentie die de bron en uitdrukking van het leven is, haar eigen ware aard te manifesteren – dat is liefde. Er is geen enkele manier om dit tot stand te brengen. Deze liefde, die onbegrijpelijk is, bestaat gewoon. En zij kan alleen gekend worden wanneer wij het onophoudelijke streven om te hebben en iets te worden achter ons hebben gelaten.

Daarom is het, wanneer wij zitten te mediteren, zo belangrijk om stil te zijn en ons niet te bewegen.

Gevaren op het pad

Het grootste gevaar op het pad van hen die naar Verlichting streven, is dat zij niet voldoende ruimte in zichzelf maken voor wat ze niet weten. En het grootste gevaar op het pad van degenen die reeds verlicht zijn, is eveneens dat zij nalaten voldoende ruimte in zichzelf te maken voor wat ze niet weten.

Als wij willen weten wat Verlichting is, dan moeten wij in onszelf oneindig veel ruimte laten voor *wat wij nog niet weten.* Dat houdt in dat indien we op directe wijze die grote, altijd bevrijdende diepte van het Zelf willen ervaren, we ongeacht wat we *denken* te begrijpen een oneindige ruimte in onszelf moeten scheppen voor wat wij niet weten.

De reden dat we het zo moeilijk vinden om tot een verlichte perceptie te komen – en dat is kijken voorbij het verstand en weten voorbij het geheugen – is simpelweg omdat wij niet voldoende ruimte in onszelf laten voor wat wij niet weten. En de reden dat wij niet voldoende ruimte in onszelf laten voor wat we niet weten is dat wij, zonder het ons bewust te zijn, geloven dat we *het al weten.* En wat weten wij dan al? *Alles* – inclusief dat wat we niet weten!

Het al weten is de manier waarop het ego zich beschermt tegen het onbekende. Vanuit het perspectief van Verlichting is *het al weten* het ego. Het ego is het vernisje van onkwetsbaarheid en overmoed dat een muur optrekt die ons ongevoelig maakt voor het leven, een scheidingsmuur die het terrein van de ervaring altijd in tweeën deelt: binnen en buiten, het zelf en de ander, het individu en de wereld.

Gezien vanuit het perspectief van Verlichting wordt het ego gedefinieerd als *arrogantie*, de arrogantie van het al weten. De onkwetsbare overmoed van het al weten is het bolwerk van beperkingen dat het onbekende in bedwang houdt. Vanuit het perspectief van Verlichting is het onbekende een metafoor van geen begrenzing, en *geen begrenzing* is de definitie van een bewustzijn dat bevrijd is van de begrenzing die hoort bij de arrogantie van het al weten.

Niet weten is synoniem met verlicht bewustzijn, want niet weten schept automatisch een oneindige ruimte voor het onbekende, hetgeen ervaren wordt als een bewustzijn dat bevrijd is van ieder gevoel van begrenzing. *Nederigheid* is het menselijke gezicht van een verlicht bewustzijn, omdat dat gezicht bevrijd is van de arrogantie van het al weten. Nederigheid is het directe gevolg van altijd eerst *niet weten* met betrekking tot onze ervaring. *Arrogantie* of ego is het menselijke gezicht van een onverlicht bewustzijn, want het is het directe gevolg van altijd eerst *al weten* met betrekking tot onze ervaring. In niet weten ligt altijd oneindig veel ruimte voor het onbekende, maar in al weten kan die ruimte nooit bestaan.

Toch is de aard van Verlichting paradoxaal. Haar volmaakte continuïteit is gebaseerd op een gevoelig evenwicht van tegenstellingen. Aan de ene kant is verlicht bewustzijn een rechtstreeks gevolg van leven in een toestand waarin altijd een oneindige ruimte is voor het onbekende. Evengoed rust de stabiliteit van dat bewustzijn op een stellige overtuiging, op een twijfelloos *weten* omtrent de fundamentele aard van de werkelijkheid waaraan geen twijfel is.

Vandaar dat de enorme uitdaging voor alle werkelijke zoekers naar verlicht bewustzijn erin ligt om precies het midden te vinden tussen weten en niet weten, en wanneer dat eenmaal gevonden is, *daar te blijven.*

Nogmaals, het grootste gevaar voor wie Verlichting zoekt, is geen ruimte in zichzelf te laten voor wat onbekend is. En het grootste gevaar voor wie reeds verlicht is, is het maken van precies dezelfde fout. Het dikwijls verwarrende resultaat van diep spirituele ervaringen ligt in hun potentieel om een krachtig weten of sterke overtuiging teweeg te brengen die niet gesteund wordt door een diepe en voortdurende overgave aan het onbekende. Dit is het meest precaire aspect van Verlichting en van spirituele ervaringen in het algemeen: de arrogantie – het al weten – die de in potentie onberispelijke uiting van een krachtig ontwaakt bewustzijn aantast. Daarom is Verlichting zo'n delicate aangelegenheid. Als wij niet precies in de roos schieten, dat wil zeggen precies het midden treffen tussen weten en niet weten, zal het onvermijdelijke resultaat van diepgaande, spirituele ervaringen, *ook van Verlichting zelf,* niet volmaakt zijn. Dat betekent dat er dan in degene die verlicht is een schaduw van het ego achterblijft, omdat bij het bereiken van het doel *weten* sterker is dan *niet weten*. Vandaar dat Verlichting zowel voor de zoeker als voor de vinder zo'n delicate aangelegenheid is; beiden kunnen zich heel gemakkelijk vergissen.

Als zoekers niet bereid zijn om al hun reeds bestaande kennis te laten varen, zal de bevrijdende kracht van verlichte perceptie altijd buiten hun bereik blijven, want het vertrouwen in het mysterie dat voorbij het verstand ligt, zal zonder die onvoorstelbare sprong in het onbekende nooit rotsvast zijn. Maar het zeldzame individu dat verlichte waarneming bereikt heeft, het individu dat de sprong heeft gemaakt en nu een vinder geworden is, zal hij of zij voldoende ruimte in zichzelf hebben voor wat onbekend is? Zal in degene die het vertrouwen in Verlichting eindelijk verkregen heeft de uiterst belangrijke nederigheid nog steeds aanwezig zijn? Of zal de vinder verstrikt raken in één kant van de paradox en alleen *degene zijn die weet?*

Wanneer je eenmaal weet en je weet dat je weet, is er geen terugkeer mogelijk. Daarom is zeker weten het grootste gevaar voor de vinder, ook al is zeker weten eveneens een essentieel onderdeel van Bevrijding.

Zie je, uiteindelijk is het doel voor zoekers en vinders hetzelfde: altijd ruimte in zichzelf te laten voor wat zij niet weten, een licht te laten schijnen dat geen schaduw werpt en altijd precies het midden te houden tussen twee tegengestelden.

Bevrijding zonder gezicht

De eeuwige wijsheid heeft ons altijd verteld dat het ego het enige obstakel is voor Bevrijding. Wat is het ego? Het ego is het gevoel dat het zelf is *afgescheiden*. Het ego is het deel van ons dat zichzelf beschouwt als afgescheiden van anderen, afgescheiden van de wereld, afgescheiden van het hele universum. Het ego zal *iedere* gelegenheid aangrijpen om zich zo op te stellen dat het zichzelf kan ervaren als gescheiden van de ander. Een van de belangrijkste manieren om onszelf als afgescheiden te zien is te herkennen in onze omgang met geslacht en seksuele geaardheid.

De ervaring van man of vrouw zijn is bijna altijd doortrokken van talloze niet-onderzochte ideeën – ideeën over hoe wij behoren te zijn, over hoe wij willen zijn, over hoe anderen denken dat wij zijn en over hoe wij ons voorstellen dat anderen willen dat wij zijn. Heel vaak zijn onze ideeën over wat het betekent om een man of een vrouw te zijn – ongeacht onze seksuele geaardheid – voor het grootste deel gebaseerd op de aanpassing aan starre, ingesleten overtuigingen, dan wel een uiting van rebellie daartegen. Wij voelen altijd een grote mate van onzekerheid in het omgaan met de zeer verwarrende kwestie van geslacht en seksuele geaardheid; bewust of onbewust hebben de meesten van ons er hun hele leven grote moeite mee om naar hun overtuigingen te leven. Maar omdat wij voor onszelf maar zelden onderzoeken wat het voor ons zou kunnen betekenen om *vrij* te zijn in deze kwestie van geslacht en seksuele geaardheid, blijven wij als het ware dwalen door een gang vol spiegels en concentreren wij ons op beelden die ons gevangen houden in een pijnlijk, afgescheiden zelfgevoel. Hoe verhoudt Verlichting zich dan tot geslacht? Welk verband is er tussen spirituele vrijheid en seksuele geaardheid?

In de openbaring van Verlichting ontdekken wij dat wie en wat wij werkelijk zijn voorbijgaat aan *ieder* conceptueel verschil, ook aan dat van man en vrouw. Maar wat belangrijker is, wij ontdekken een bevrijdend perspectief dat uitstijgt boven aanpassing en rebellie. Uiteindelijk kunnen wij pas de weg naar de vrijheid vinden als wij dit perspectief in onze eigen directe ervaring ontdekken.

Als wij vrij willen zijn, is het noodzakelijk om te herkennen dat het ego – het afgescheiden zelfgevoel – iedere mogelijke gelegenheid aangrijpt om de ervaring te creëren van een persoonlijke identiteit die uniek is, die anders dan anderen *lijkt te zijn*. De woorden '*ik ben een...*' verwijzen gewoonlijk naar een beeld van onszelf als zijnde uniek en anders dan anderen – *ongeacht* de inhoud van dat beeld. Zolang wij niet boven alles vrij willen zijn, zullen de woorden die volgen op '*ik ben een...*' het EGO aanduiden. En het ego omvat al onze ideeën over man- of vrouwzijn en onze ideeën over onze seksuele geaardheid.

Als wij dus werkelijk boven alles vrij willen zijn, dan dienen wij onszelf de vraag te stellen: welk verband bestaat er tussen de ontdekking van een Zelf dat iedere notie van verschil overstijgt en het feit dat we mens in een mannen- of vrouwenlichaam zijn?

Om het antwoord op deze vraag te vinden, moeten wij eerst begrijpen waarom de verlichte staat dikwijls de 'natuurlijke zijnstoestand' wordt genoemd en de onverlichte daarmee vergeleken de onnatuurlijke. 'Natuurlijk' wil zeggen *vrij van existentiële spanning*. Vanuit een energetisch gezichtspunt gezien is die existentiële spanning het ego. En wanneer het afgescheiden zelfgevoel ontward wordt, oplost en uiteindelijk verdwijnt, valt ook de voortdurende *zelfbewuste* spanning weg die wij in het lichaam ervaren. Verlichting is dus een toestand die fundamenteel vrij is van de existentiële spanning die het ego is.

Wat wij dus aangaande de kwestie van vrijheid in verband met geslacht en seksuele geaardheid weten willen, is: wat is precies de verlichte of *natuurlijke en niet-zelfbewuste* uiting van mannelijkheid of vrouwelijkheid? Als het verlichte perspectief gebaseerd is op de ontdekking van een zelf dat vrij is van ieder gevoel van verschil, inclusief alle concepten, ideeën en overtuigingen over geslacht en seksuele geaardheid, hoe is het dan om een man te zijn en vrij te zijn van vaststaande ideeën over de betekenis van het manzijn? Hoe is het dan om een vrouw te zijn en vrij te zijn van vaststaande ideeën over wat het wil zeggen om vrouw te zijn? Hoe zou het zijn om een man of een vrouw te zijn die niet gebonden is aan vaststaande ideeën over man- of vrouwzijn en *tegelijkertijd op geen enkele manier ons geslacht of onze seksuele geaardheid te vermijden of te ontkennen?*

Het zou *vrijheid van het ego* betekenen, hetgeen wil zeggen: vrij zijn van iedere vorm van zelfbewustzijn die het gevoel ondersteunt dat wij uniek, speciaal of op enigerlei wijze afgescheiden zijn.

Als het waar is dat er in onze meest wezenlijke kern geen notie van een afgescheiden zelf bestaat waar het menselijk verstand zich een voorstelling van kan maken, terwijl er tegelijkertijd uiterlijk een projectie in de vorm van het menselijk lichaam is dat aangeboren verschillen vertoont, en wij willen werkelijk vrij zijn, dan moeten wij een manier vinden om die verschillen tot uitdrukking te brengen, zonder dat het ego daar op enigerlei wijze zijn stempel op drukt. Dat houdt in dat, als wij het verschil tussen mannelijk en vrouwelijk, evenals de verschillen in seksuele geaardheid, volkomen vrij van de vervormende invloed van het ego tot uitdrukking willen brengen, wij in onze eigen spirituele evolutie op een punt moeten komen waarop wij altijd meer geïnteresseerd zijn in vrij zijn dan in man of vrouw zijn of in de identificatie met een bepaalde seksuele geaardheid. De implicaties hiervan zijn onvoorstelbaar groot, want ze dwingen de oprechte zoeker om zijn of haar gehechtheid aan en identificatie met ieder beeld van een zelf waarvan het verstand zich een voorstelling kan maken op heroïsche wijze in twijfel te trekken.

Het verlichte zelf kan zijn spiegelbeeld niet terugvinden in het verstand van degene die verlicht is. Vandaar dat de universele aard van het verlichte bewustzijn *onschuld* is. En ware onschuld komt niet-zelfbewust tot uitdrukking. Wanneer wij alleen maar gehecht zijn aan dat deel van onszelf dat wij niet kunnen zien, proeven, ruiken of aanraken, dan komt ware onschuld tot uitdrukking zonder zelfbewustzijn. Alleen dan is de uitdrukking van onze mannelijkheid, onze vrouwelijkheid of onze seksuele geaardheid vrij van het ego en wordt zij niet vervormd door de behoefte om onszelf te zien als uniek, speciaal of op enigerlei wijze afgescheiden.

De glorie van God

Wat is de glorie van God? Wat is de definitieve uitdrukking van dat wat alle dingen te boven gaat en tegelijk alle dingen omvat?

De glorie van God is het schokkende besef dat alles *altijd* volmaakt is. De glorie van God is de inherente volmaaktheid van alle dingen, altijd, overal en onder alle omstandigheden. Zelfs aardbevingen, ziekten en bloedige oorlogen zijn de glorie van God. De glorie van God is de inherente volmaaktheid van alle dingen *zoals ze zijn*. Vanuit het *absolute* ziet het oog van het Zelf namelijk alleen God; het maakt geen enkel onderscheid. Hemel en hel, goed en kwaad, alle bekende en onbekende dingen, het geziene en het ongeziene, het wordt *allemaal* herkend als zijnde een uitdrukking van dat ene onbegrijpelijke mysterie dat schuilgaat achter namen en vormen. Voorbij alle tegenstellingen bestaat slechts de glorie van God, slechts absolute, onvergelijkbare *volmaaktheid*.

Vóór tijd en ruimte, voordat het universum geboren werd, was er niets. Toen kwam uit niets plotseling iets voort. Er was een explosie en alles wat wij nu zijn – ook jij en ik – is die explosie in wording. Die explosie in wording is één stralend wezen, bewust, heel en onverdeeld.

Verlichting is de rechtstreekse herkenning van ons eigen, ware gezicht als niets anders dan dat stralende wezen, bewust, heel en onverdeeld. En het is de herkenning van de volkomen complete en altijd volmaakte aard van dat ware gezicht die het gevoel van individualiteit bevrijdt van identificatie met de hypnotiserende uitwerking van het egobewustzijn.

Maar Verlichting is meer dan de bevrijdende ontdekking van de inherente volmaaktheid van de absolute of non-dualistische aard der dingen. Verlichting is ook het ontstaan van een grote noodzaak om te *veranderen*. Wanneer iets is voortgekomen uit niets en de explosie in wording, die alle leven is, er is, dan is er een eeuwigdurende toestand van *wording* geboren. In de spirituele openbaring wordt die beweging ervaren als een dynamische, levende uitdrukking van de volmaaktheid die *reeds bestaat*. Deze spiritueel bezielde uitdrukking wordt ervaren als een onpersoonlijk bevel van het Zelf om te transcenderen, om te evolueren, om deze wereld volkomen te transformeren, zodat het een dynamische, levende uitdrukking kan worden van de volmaaktheid die *er al is*. Deze spiritueel bezielde hartstocht, die voortkomt uit het Zelf, doet in deze wereld het vuur van onvoorwaardelijke liefde en egoloos medeleven ontvlammen. Dit is een kracht om voortdurend rekening mee te houden. Haar onophoudelijke eis is evolutie en haar tastbare uiting is het scheppen van orde uit chaos. De grenzeloze creativiteit van deze evolutionaire impuls in actie streeft dan ook naar steeds hogere uitingen van een wonderbaarlijke heelheid en integratie.

De oproep tot transcenderen en evolueren die van de spirituele openbaring uitgaat, is de onverbiddelijke aansporing van het Absolute aan allen die oren hebben om te horen en ogen om te zien, om zich totaal over te geven ter wille van die noodzaak om te evolueren.

Deze voortdurende noodzaak om te evolueren is *ook* de glorie van God. En de grootste paradox is dat die glorie *zowel* de stralende, altijd vervulde en complete, altijd volmaakte basis is van alles wat er is, *als* de grond en essentie van die explosie in wording, die streeft naar de manifestatie van steeds hogere uitingen van heelheid en integratie.

Verlichting is dus het rechtstreekse besef van de dualistische aard van de glorie van God als de inherente volmaaktheid van alle dingen en de voortdurende noodzaak om te evolueren. In dat besef vindt niet alleen de bevrijding plaats uit de hypnotiserende greep van het egobewustzijn, maar komt ook de extatische beweging van energie voort die alleen ontstaat door onderwerping aan het creatieve principe. Het kostbare van het menselijke leven is ons heilige potentieel om deze glorie te ervaren in ons eigen hart en ons eigen verstand, en er daardoor een *bewust* instrument van te worden.

Toch is de evolutionaire weg gevaarlijk en het kan jammerlijk misgaan met het ontluiken van de menselijke spiritualiteit. Wanneer de extatische aanvaarding van de evolutionaire noodzaak niet stevig gegrond is in een diep besef van de inherente volmaaktheid van alle dingen, kunnen de gevolgen rampzalig zijn. Hoe kan dat? *Indien men niet eerst stevig gegrond is in de verlichte kennis van de inherente volmaaktheid van alle dingen*, kan de enorme kracht die de ontdekking van de evolutionaire noodzaak met zich brengt er gemakkelijk toe leiden dat de verraderlijke en fatale belangstelling van het ego voor overheersing en controle nieuw leven wordt ingeblazen. Zonder die basis kan bezielde hartstocht gemakkelijk een aanknopingspunt worden voor het ego om zich te identificeren met het Absolute, met als gevolg dat onze meest duistere impulsen zich kunnen voordoen als het grootste goed.

De andere belangrijke bron van mogelijke verwarring is de opvatting dat de glorie van God gezien wordt als *alleen* de inherente volmaaktheid van alle dingen, *zonder enige* evolutionaire noodzaak. Telkens wanneer er een verkeerde interpretatie optreedt van de volkomen en paradoxale aard van de glorie van God, zal het onbegrensde creatieve potentieel van de explosie in wording die wij zijn, krachtig ingeperkt worden. Maar het zal niet alleen krachtig ingeperkt worden. Als gevolg van het onvolledige perspectief wordt namelijk de volle glorie van het Absolute ontkend, zodat ons diepste Zelf, dat God is, niet meer onvoorwaardelijk deel heeft aan die glorie.

Wanneer Verlichting diep, grondig, onmetelijk, vol en compleet is, wordt de glorie van God altijd tegelijkertijd herkend als de inherente volmaaktheid van alle dingen en als de onophoudelijke noodzaak om te evolueren.

De oproep van het Absolute

Wat winnen wij erbij als wij oog in oog staan met God? Het antwoord is eenvoudig: *absoluut niets*. Dat is wat wij voor onszelf in de spirituele openbaring ontdekken. Omdat wij echter zijn opgevoed in materialisme, nemen wij aan dat het doel van het leven is dingen te krijgen, te hebben en te vergaren. En de meesten van ons dragen, wanneer zij aan het spirituele pad beginnen, zonder het te beseffen deze diep verankerde instelling mee. Wij verlangen naar een transcendente kracht die ons goddelijke genade schenkt, zodat wij die *voor onszelf* hebben. Wat wij echter niet weten, is dat *die kracht materialistischer is dan wijzelf*. Als wij zo gelukkig zijn dat wij de mysterieuze aanwezigheid ervan naar ons toe, om ons heen en door ons heen voelen komen, dan zullen wij de angstaanjagende en tegelijk dwingende aantrekkingskracht voelen van de absolute liefde die niets minder van ons vraagt dan *alles*. Iedere ademteug die onze longen binnenkomt en verlaat, wordt door die aanwezigheid *voor zichzelf* opgeëist. Degene die deze ervaring gehad heeft, wordt ofwel overweldigd door extase als gevolg van de onvoorstelbare intensiteit van deze onvoorwaardelijkheid, ofwel verlamd door zijn eigen angst ervoor. 'Ik wil alles van jou voor mijzelf', zo luidt de niet-aflatende oproep van dit mysterie. De gelukkigsten onder ons merken dat zij bij het horen van deze oproep een onontkoombare drang voelen om vanuit hun diepste wezen te antwoorden. Zelfs wanneer de hele wereld hun toeschreeuwt: 'Nee, je moet dit niet doen, je moet jezelf niet geven aan wat het verstand niet begrijpen kan,' vallen zij op hun knieën en zijn ze bereid te sterven.

De spirituele ervaring die het vermogen heeft om te transformeren, geeft ons niets als tegenprestatie; alles wordt ons juist afgenomen. Als wij de overweldigende soberheid van deze eenvoudige waarheid voor onszelf ontdekken, brengt deze ons tot aan de uiterste grens van het bekende. En wat wij aan die grens ontdekken, is dat het vermogen van de absolute liefde om haar invloed te laten gelden in deze wereld, die zo in de greep is van door haarzelf teweeggebrachte pijn en ellende, geheel en al van *ons* afhangt.

Indien wij niet met angst, maar met vertrouwen op de oproep gereageerd hebben, dan geeft het hart zich over. En vanuit dit overgegeven hart stroomt een onvoorstelbare kracht en energie deze lijdende wereld in; een kracht en energie waarvan het verstand nooit enig besef heeft gehad. Wanneer wij echter gehypnotiseerd zijn door de onverzadigbare behoeften van het ego, zal die wonderbaarlijke kracht ofwel voor altijd in ons opgesloten blijven, ofwel, en dat is nog erger, gebruikt worden om de wereld de kwalijke bedoelingen van het ego op te leggen. Wanneer ons verlangen naar het absolute niet vrij is van de zucht naar persoonlijk gewin, kan het ego zich gemakkelijk de hunkering van het spirituele hart toe-eigenen door zich in dat hart te verbergen.

Buiten het wegvallen van de lichamelijke vorm is de sprong in het onbekende, die met ware doodsverachting genomen moet worden, de meest ingrijpende verschuiving van energie en aandacht die binnen het menselijke bewustzijn kan plaatsvinden. Vandaar dat de gevolgen van een dergelijke sprong altijd zo vérstrekkend zijn. Wanneer die sprong eenmaal gemaakt is, zijn de traditionele grenzen van de persoonlijkheid tenietgedaan en breidt het zelfgevoel zich in alle richtingen uit. Het enorme risico dat genomen moet worden, wil een dergelijke transformatie plaatsvinden, vergt een moed en een vertrouwen die de meesten van ons zich niet kunnen voorstellen. Dat risico zullen wij om maar één reden ooit nemen: een intens verlangen om *niemand* te zijn, of een even groot verlangen om *iemand* te zijn.

Vanuit het ego gezien is het idee om zich aan de kracht van absolute liefde over te geven uitermate angstaanjagend. Maar wanneer het ego zich in een streven naar goddelijkheid het oprechte verlangen naar overgave toe-eigent, zal het resultaat niet een zelf zijn dat vrij is van de ketenen van het ego, maar juist een ego dat verlicht is geworden. De kracht van de absolute liefde is volkomen onpersoonlijk en de aanhoudende, onweerstaanbare oproep ervan aan allen die willen horen, is eveneens onpersoonlijk. Dat betekent dat deze mysterieuze kracht iedereen accepteert die van ganser harte op de oproep tot overgave reageert – *wat hun toestand ook moge zijn*.

Wanneer de overgave definitief is, komt er onmiddellijk een eind aan de persoonlijke evolutie, want het individu wordt dan een boodschapper van het goddelijke. Wat de motieven van degene die de sprong maakt ook zijn, op het moment van de overgave wordt de toestand van de persoonlijkheid voor altijd vastgezet. Daarom is het zo belangrijk dat de zuivering van het voertuig oprecht en systematisch geschiedt. Alleen dan wordt de persoonlijkheid bevrijd van het uit het ego voortkomende verlangen om, *voordat* de onvoorwaardelijke overgave aan het Absolute plaatsvindt, *iemand* te zijn.

De kracht van de absolute liefde is als een razend vuur van onvoorwaardelijke glorie en verteert alles en iedereen die te dicht bij haar vlammen komt. Dit vuur brandt woest en is zich alleen van *zichzelf* bewust. Daarom maakt de oprechte en *bewuste* deelname aan het persoonlijke louteringsproces altijd en onvermijdelijk deel uit van een spirituele evolutie en transformatie. In de meeste gevallen vindt de uitzonderlijke sprong, die een diepe overgave altijd is, niet plaats zonder bevrijd te zijn van de verderfelijke beïnvloeding door het ego, tenzij wij bewust, diepgaand en met grote toewijding deel hebben aan onze eigen loutering.

Wat echter zo wonderbaarlijk is, is de ontzagwekkende herkenning dat onze deelname aan het proces van onze eigen transformatie juist dit razende vuur van de absolute liefde in actie is, brandend in ons eigen hart en verstand als het verlangen naar Bevrijding.

Voor informatie over Andrew Cohen:
Impersonal Enlightenment Fellowship
tel. 020 - 422 1616
iefamsterdam@andrewcohen.org
www.andrewcohen.org

Voor informatie over boekuitgaven:
Uitgeverij Altamira/Becht
Postbus 160, 2060 AD Bloemendaal
post@gottmer.nl
www.altamira-becht.nl